戈壁生长

——玄奘之路戈壁成人礼成长报告

刀锋领导力实践中心　编著

玄奘之路
—理想·行动·坚持—

玄奘之路组委会　组织编写

中国人民大学出版社

·北京·

本书编委会

主编　程　雯

执行主编　曹　霞

主笔　曲向东　金豆豆

编辑　金豆豆　马向楠

数据/制图　陈　琦

摄影　党海洋

编纂协调　涂　欣　付迎春

　　　　　田　政　段　三

　　　　　郭泽宇　王媛媛

　　　　　张　芸　赵菲菲

　　　　　李雪松　邱　磊

　　　　　于　爽　苏振雷

　　　　　吴　霜　丁睿洁

联合出品　北京行知探索文化传播有限公司

序：为什么是戈壁

程雯　戈友 ID：00119G01

为什么总是戈壁？读者也许会问，戈壁离我们那么遥远、环境那么陌生、生物那么稀少……为什么不说说我们身边的那些生长、那些故事？为什么一而再再而三地回到戈壁？

此刻从我办公室的窗户望出去，浓浓的雾霾中高楼林立，在楼和楼的缝隙之间，间或能看到几株灰秃秃病恹恹的树，并不绿。在北京这样的大城市里，树居然带着和楼差不多的颜色。视线所及的范围内，能称得上生命的，不及百分之一千分之一。那不是戈壁是什么？

当然，网上查到的数据不是这样的，有说北京人均绿地面积 50 平方米的，有说不到 10 平方米的，我没有去查官方的数据。但是，我想起前些日子朋友圈里看到的那张世界地图，陆地的颜色从深绿到浅绿再到黄，中国大陆除了云南、贵州等零零星星的几个地方披着深绿色，绝大部分的土地已经变成深黄色，和撒哈拉的颜色一样。那不是戈壁是什么？

去年，我女儿上了大学，现在我有了一些可以自由支配的时间，无论读书还是健身。她从小到大求学的道路我非常清楚。绝大部分时间，我们的孩子们被圈养在那个被称作学校的牢笼中，为了升学一遍一遍地复习考试。他们远离生活，就像戈壁上的骆驼刺，只能凭借那一点少得可怜的水来生长。那不是戈壁是什么？

再想想我们自己吧，这几十年社会巨大的变革带给人们的是思想、信念、时间、空间上的各种撕扯和分裂，我们的理想不断被砍伐，我们的价值观不断被改变，我们的心灵和情感不断地扭转和错位。正如戈壁上那随时刮来的沙尘暴，以一种席卷天下势不可当无可辩驳的力量，把每个人都雕刻成类似的模样：虚弱的内心、坚硬的外壳，还有浑身干枯断裂的硬刺……如果，你见过戈壁里的盐碱滩，你就会知道。那不是戈壁是什么？

　　我也跟您一样，很抗拒把这些标签贴在自己头上。由于工作的关系，我每年都会代表基金会多次去往乡村，支持和参与那里的教育工作，而所到之处，人与环境的矛盾、留守儿童的情感缺失、城镇化进程对农村资源的掠夺、过度和盲目的开采等比比皆是。除了财富没有大规模地聚集，各种城市病已经无情地蔓延到了乡村，沙尘暴照样刮起。那不是戈壁是什么？

　　从 2005 年起，我们花了近十年的时间和中国的上万名商业精英一起行走在玄奘之路上，在那里，他们找到了再一次前行的动力，找到了坚持的方向。王石曾带领团队两上戈壁，写下他"灵魂三部曲"中的第一部《让灵魂跟上脚步》；

冯仑在漫长而痛苦的行走之后发出慨叹：伟大是熬出来的；柳传志在戈壁上激励无数创业者：你们是那群奔日子的人，不论遇到什么情况，都要死熬、拼命地坚持。创业者更要做孤胆英雄，别人熬不住的时候你要能熬得住……却原来，多么辉煌的业绩背后，也不过是漫漫长路的坚定笃行。即使是戈壁，我们也要一步一步地走过去。

玄奘大师也是这样一位坚定的行者，1300多年前，一个孤独的身影面对着"八百里流沙"的无人戈壁，无论如何都是无法逾越的天堑了吧？《大慈恩寺三藏法师传》记载，法师在行前就立下铮铮誓言"不至天竺，终不东归一步"，终能凭借坚强意志超越生命极限，走完漫漫长路，成就千古伟业。日本人极其推崇玄奘大师，在古都奈良药师寺的玄奘三藏院，主殿匾额上书"不东"二字，就取自这里，意在用大师的精神激励后人。

从2007年起，我们和几百个家庭一起行走在戈壁上，在那里，孩子们在无垠的荒原上发现了顽强生存的小草，在歇脚的时候看到了自己影子里乘凉的蜥蜴，在途经的千年古城面前找到了家国历史和文化血脉，在团队小伙伴当中感到了家庭里兄弟姐妹的手足情深，在父母的陪伴下获得了深厚的爱和前行的力量……更重要的是，在遥迢的路途上艰难地行走让他们感受到了饥渴时的恐惧焦灼、疼痛中的真实存在，也慢慢地发现了他们的心之所向，发现了内心潜藏的巨大能量。戈壁赤裸的阳光、大地和风，碰触着他们的肌肤；自然带着她无比宽广的爱，牵引着他们的生命，令他们生长。

就这样，甘肃瓜州的莫贺延碛戈壁在玄奘大师西行求法走过之后，经历了一千多年的荒芜和凋零，如今又因为人们络绎不绝的行走而充满了生机和力量。玄奘大师以及他所代表的中国知识分子的精神，又一次闪耀在新的世纪，激励着我们的心灵，释放着我们的潜能，也让行走中的孩子们学会了"理想、行动、坚持"这一亘古不变的成功之法。

我们希望这条路能一直走下去，希望有越来越多的孩子在戈壁上找到自己的理想。有很多人说，我的人生理想就是快乐！是啊，很多事情可以带来快乐——吃一块美味的蛋糕，听一首动听的歌曲，经历一次难忘的旅行，我们尊重每一个人的快乐生活。但是我们赞美那些真正伟大的梦想，那些真正有担当、有智慧、有责任的梦想，因为正是这些梦想让未来值得期待、散发光芒。

在此，我们想借此书感谢那些陪伴孩子们来走玄奘之路的可爱可敬的家长们，感谢你们超越了对孩子饥寒饱暖的照顾，和他们一起去经历风雨，我们相信，有你们的看顾，孩子们在以后的日子里一定会更加茁壮成长；感谢在戈壁上陪伴孩子们行走的领队和志愿者们，你们用期待和鼓励、宽容和忍耐陪孩子们从稚嫩走向成熟，走向沉着和未来；感谢为此书贡献文章的作者和编委会成员，你们把宝贵的思想和情感与我们分享，让我们感受到生命的能量；感谢人民大学出版社费小琳老师的友谊和付出，同样怀着对戈壁深厚的爱，费小琳老师为此书的编辑出版提供了很多帮助；更要感谢可爱的孩子们，在更多的孩子宁愿选择去看场电影、玩会儿游戏或者出国旅行的时候，你们选择来到戈壁，用坚定的脚步让我们看到你们稚嫩生命中的坚强和倔强，让我们相信经历戈壁历练的生命会像花儿一样绚丽绽放！

现代教育理论之父杜威曾说，教育即生长，教育的目的就是生长，生长之外别无目的。

所以，如果需要在孩子们面前说些什么，我只想说，我爱你。

如果需要我为孩子们做些什么，我只想说，让我陪伴你，去找到你生命真正的意义。

目 录

戈壁在这里

[玄奘之路]

"玄奘之路"活动缘起于 2005—2006 年行知探索文化传播有限公司（原名科影传媒）与中央电视台、外交部联合策划发起的"中印友好年"文化考察。该活动感召了工商界、传媒界等众多精英人士，组成联合考察队，上高原、下戈壁、翻天山、过雪岭，走过荒无人烟的罗布泊，穿越仍处战乱之中的中亚阿富汗地区，亲身体验了玄奘大师不平凡的人生旅途和心路历程，见证了玄奘大师呕心沥血缔造的惠及千秋的伟业。

玄奘之路上最为艰苦的路段位于甘肃和新疆交界的瓜州莫贺延碛戈壁，古称"八百里流沙"，即《西游记》中的流沙河。1 300 多年前，玄奘大师正是从这里出了玉门关，开始了他一个人西行求法的伟大征程。在这条路上他经历了背叛、追杀、迷失、彷徨、退缩、饥渴，甚至遭遇了死亡的威胁，孤身一人演绎了"从坚持到超越"的伟大历程。九死一生的玄奘法师在这里实现了人生的转折，也成了后世炎黄子孙的精神图腾。

[戈壁成人礼]

玄奘之路戈壁成人礼是由玄奘之路组委会发起、在甘肃和新疆交界的瓜州莫贺延碛戈壁展开的一场独具中国精神和文化气质的青少年成长励志活动。活动以家长与孩子联合组队的方式开展，以穿越玄奘当年西行求法经历九死一生之艰辛的瓜州莫贺延碛戈壁为主要活动，让人们在实践中体验"理想、行动、坚持"这一亘古不变的成功法则。

基于活动的独特属性，历届戈壁成人礼都要求家长同行。事实上，这不仅仅是孩子们的一次成人礼，也同样是家长们的一次"成人礼"。

玄奘之路

— 理想·行动·坚持 —

2007年5月	2009年10月	2010年10月	2011年8月/10月	2013年底
两名十岁的孩子跟随父母首次踏上玄奘之路	10个家庭走上戈壁，戈壁成人礼正式拉开序幕	56个家庭走上玄奘之路	80名青少年、90名家长参与戈壁成人礼	共380名青少年、800余名家长走上戈

[徒步]

戈壁成人礼的徒步里程，首届为117公里，从第2届开始分为两种路线，经典路线为88公里，夏季路线为80公里。

每天徒步距离为13～27公里不等（第二天徒步里程最长）；沿途主要地貌为戈壁、丘陵、盐碱地；采取的形式为轻负重徒步（只需背负个人路餐和饮用水）；全程设置若干补给站，可补充饮水。

由于天气原因，8月、10月两次活动路线不完全相同，每天的徒步距离和

戈壁成人礼徒步情况介绍

届别	第5、7届（与第3届相同）	第6、8届（与第2、4届相同）
路线名称	夏季路线	经典路线
时间	8月	10月
平均气温	昼夜温差大，40℃—6℃	昼夜温差大，32℃——4℃
全程距离（折线距离）	80公里	88公里
第一天徒步距离／地貌	17公里／盐碱地、丘陵	21.4公里／红柳林、小雅丹、沙漠、砾石戈壁
第二天徒步距离／地貌	26公里／丘陵、河谷	27.2公里／砾石戈壁、盐碱地
第三天徒步距离／地貌	24公里／河谷、戈壁、山谷	18.8公里／盐碱地、砾石戈壁、龟裂地貌
第四天徒步距离／地貌	13公里／小雅丹、红柳林	20.6公里／软戈壁、丘陵

沿途地貌也有一些差异，但总体难度和体力消耗情况近似。在与行走速度相关的分析中，为了尽量做到准确，我们会将两种路线分开统计。

[每日主题]

D0：集结日。日程安排：集中报到、安全及规则培训、队员分组、自我选举队长、确定队名和口号等、队员团队展示。

D1：徒步日第一天。日程安排：父母和孩子按家庭结组前进。主题：父母带我向前走。

D2、D3：徒步日第二、三天。日程安排：孩子和父母分别组队前进。主题：我和团队一起向前走。

D4：徒步日第四天。日程安排：孩子和父母按家庭结组前进。主题：我带着父母向前走。

请注意四天主题和徒步形式的不同。正是这种不同的行动主题和组队方式，在动机、行为和效能上产生了不同的结果和很多有趣的统计现象。

[特殊角色]

活动中的特殊角色有两个：

队长：在集结日（D0）由每个团队自己选出，活动中间可根据需要进行改选。

兄弟连：在D2晚上，每组选派2人，在D3时提前出发，执行特殊任务（搭建补给站或架桥），为大部队的行进做准备。兄弟连也会在D3出发前选举连长（队长）。

[戈友ID]

用于标识所有参与玄奘之路活动的队员的身份。最前面的五个数字代表走上戈壁的次序，字母表示活动类别（例如，C为成人礼、G为玄奘之路商学院戈壁挑战赛、T为体验之旅及刀锋领导力实践营等），最后两个数字代表届别。"C01"即为第一届戈壁成人礼。

　　刚才看着在戈壁拍的照片，儿子对我说："妈妈，我已经开始想念戈壁了。"短短的四天，儿子似乎迅速从一个孩子成长为男子汉，在他的心中，种下了一个成功的心锚。谢谢！

　　——活动结束后的庆功晚宴上，柯嘉给玄奘之路发起人曲向东的短信

牵你的手，一起走戈壁

陈柯嘉　戈友 ID：00615T05

写在前面

2009 年 10 月 1 日—10 月 5 日，浩文沿着玄奘法师的足迹，在中国的瓜州塔尔寺至白墩子，徒步行走 117 公里，于 10 月 5 日下午 3 点 48 分成功抵达终点。在整个过程中浩文以行走的方式展示着自己的执着和坚强，我仔细收集了浩文在行走过程中的点点滴滴，形成以下文字，目的有三：

让所有希望了解浩文的人，可以通过浩文的这次行走更加了解他。

让浩文记住戈壁上遇到任何困难都坚持不放弃的那个自己，在极度疲惫时依然挑战自己的极限并最终实现胜利目标的那个自己，每逢身边的人遇到困难都会给予支持和鼓励的那个自己。有一天浩文在人生路上遇到问题和障碍想要放弃的时候，翻看这些文字，回想自己曾经走过的路、曾经的执着勇敢和坚强，可以重新找回自己的力量。

让行程中的点滴记忆可以完整地保留下来，作为妈妈献给儿子的礼物，让那些记忆历久弥新。

缘　起

想着有一天要带着儿子重走玄奘之路，追寻坚持、包容的中国精神，但是并不知道会来得这么快。玄奘之路组委会在十一期间再次举办这项活动，接到通知问浩文的意见，答："玄奘之路，我当然要走，以后我遇到的困难还有很多呢，这算什么？"于是，十月一号，我们启程。

第一天　塔尔寺 — 一号营地　27 公里

塔尔寺 — 一号检查点，15 公里；

一号检查点 — 2 号检查点，7 公里；

2号检查点 —— 营地，5公里。

大家陆陆续续地出发，我和浩文也跟着大队上路了，从塔尔寺到锁阳城，孩子们沉浸在初到戈壁的兴奋中，一路上的戈壁、黄土，对于长期生活在繁华都市的孩子来说，一切都是那么新奇。新奇显然没有维持太久，就进入了沙土地。在沙土地上行走，每一步，脚都会陷入沙土当中，你需要费力地把脚提起来，而后是再陷入、再提起。在这样的土地上行走，要花费的力气是在城市坚硬的水泥地上走路的好几倍，这让浩文感到更加疲惫，走出去两公里后浩文开始说："妈妈，我们休息一下吧！很累。"这个时候孩子们所在的位置是前锋，大人们被远远地抛在后面，我们停下来休息，其他孩子的队伍从我们身边呼啸而过，我们停下喝几口水，继续行走。第一个检查点仍遥不可及，走了7公里后，在雅丹地貌，我们要踏着沙土，不断地翻越一个个小土丘。气温越来越高，浩文一手拄着登山杖，攀爬得很吃力，而现在偌大的雅丹只剩下我们母子二人，前后不见人影，我们只能依靠GPS和对讲机不断地确认方向。我不敢走错一步，每走错一步，就意味着孩子要再多走一步。我可以做的就是抓紧GPS，核对清楚，给孩子确定一条最好的线路。浩文要求休息的频率越来越高，从原来的1.5公里一次到现在的几百米一次，我试着尽量延长他每一次休息的间隔距离，牵着他的手，给他力量，同时给他设定一个小小的目标，告诉浩文："我们再走一百米再休息，好吗？你的三步就是一米，妈妈陪你数，好吗？"在这孤独苍茫的戈壁，我知道儿子有多么依赖我，我知道自己对于孩子的责任，我必须陪他走完全程。我只能坚持，牵着他，一步一步地走。

又走了两公里，浩文说什么也不肯走了，他坚持要休息，然后说："妈妈，我的脚好疼，这双鞋子好紧呀，我的脚趾头好疼。"这可是大事，我连忙把他的鞋子解开，检查双脚，幸好脚上还没有打泡，这是万幸，但是鞋子紧是必须要解决的。唯一的办法是把我的鞋子换给他，我穿上他的鞋子显然不够长，我美丽的脚趾甲在这里成了巨大的麻烦，我只好蜷曲着脚趾行走每一步。孩子换上我的鞋子很开心，他没说什么，但是从他的眼神和后来的行动中看得出他的感谢。他告诉我："妈妈，现在舒服多了，我们走吧。"这对于我来说是很大的鼓励，浩文很努力，他一直走了两公里才提出休息。而这个时候，其他的团队也陆陆续续地赶了上来，每一个赶上来的队友都给了浩文很大的肯定，大家都对浩文说："你好棒啊，我们花了好大的力气才追上你。"这一路上善意的鼓励也给了浩文很大的力量。（谢谢！浩文成长路上那些曾经鼓励过他的人们，你们给了他力量，让他更加坚强。）

…………

到达第二个检查点时，天已经擦黑了，这时浩文已经走了22公里，其他队伍大都已经到达了营地。离营地还有五公里距离，路上只剩下我和浩文、铭远父子，还有收尾的体能师许光。我拉着浩文的手，或者让浩文在后面拉着我的手杖，想要让他保持速度。孩子疲惫到每迈一步，脚步都是飘忽的，他悄悄地一边走一边流泪，显然是已经走不动了，救援车从背后呼啸而来，救援队员好心相劝："让孩子上车吧，天黑前走不到了，上车好点，孩子们好些已经上车了。"我没有说话，倔强地摇摇头，心里说："浩文不会放弃，我们一定可以。"

晚上8点多，我和浩文最后到达营地。第一天27公里，行程7.5个小时，我们母子成功抵达。

第二天　戈壁滩一号营地 — 双墩子二号营地　35公里

…………

有了昨天一天的行程，大家心里大都有了点数，比前一天少了些恐惧和担心，今天是童子军独自出发的第一天，我决定和浩文一起走。启明很自然地把童子军的旗子别在包上，成了童子军军长。大家一路上排着队前行，斗志昂扬。

…………

接下来，铭远把握方向，走第一个，我走第二个，随后是若洋，然后是浩文。我们没有过多的交流，只是行路，我也不再拉着浩文的手。因为，我们都相信他完全可以走下来。只是我会时常停下来等等他，或者在拐弯的地方叫他一声"浩文"。我们在这里，其他的一切都交给他自己。

…………

天色渐渐暗下来，浩文还是保持着自己的频率行走着，甚至还自娱自乐地唱着歌，他喜欢《飞得更高》和《蓝莲花》，我便和他一起唱歌。

铭远父子已经到达终点，最后两公里，我们在前面走着，浩文跟在后面，唱着歌，玩着自己的手杖，轻松自在，和沿途弯着腰、龇着牙、疲惫不堪的大人形成鲜明的对比。享受痛，并快乐着。我开始崇拜浩文了。

第三天　雷墩子 — 城北戈壁三号营地　24公里

起床号照常响起，今天开始我和浩文要分工合作，各负其责。他要帮我收防潮垫。我收防潮垫时，浩文在一边静静地看，然后他想了想，开始收拾自己的防潮垫。他的方法和我不同，但是显然比我的方法要先进，他自己搞定收好后，一副很得意的样子，可爱极了。孩子需要机会来获得成就感。

…………

出发前，我问浩文："浩文，你今天要妈妈陪吗？"浩文说："要的，我要妈妈陪。"我说："今天是童子军执行任务，都是孩子们自己去，如果你想要妈妈，妈妈也会陪你，不过你也可以选择和其他小朋友一样，自己锻炼一下，自己走。"浩文想了一下，眼睛里满是依恋，但是还是小声地说："我不要你陪，我自己走吧，妈妈你走吧。"看着孩子的样子，我赶紧转过身，怕流下的眼泪被他看见。

…………

到达终点后没有想象中孩子的拥抱，浩文正在专注地扎着我们的帐篷，看起来有模有样，听浩文说，他今天也帮若洋扎了帐篷，我很开心地表扬了孩子。在大帐的一角看见了童子军的领队邱磊，他说："你一定要表扬浩文，他今天非常棒！"我好奇地问："表扬他什么呢？"邱磊说："浩文今天从头到尾都没有掉队，一直是跟上的，到了最后三百米，童子军冲刺的时候，他很累，但他还是坚持冲刺了，我们觉得他好棒！"

是的，浩文在不断地成长。

这是最享受的一天。

第四天 三号营地—白墩子 23公里

最刻骨铭心、最艰难的一天。

…………

迎着太阳出发，其实是黑乎乎的就上路了，一路上只能依靠着头灯微弱的光前进。日出让浩文表现出很大的兴趣，景色的确美丽，浩文开始拍照，开始给我拍照，而在我们沉浸在美景中的时候，大部队已经慢慢走远了。天渐渐完

全亮了，此时只剩下收尾的许光在催促我们前进。剩下的几个队友都是伤员，准备上车的，而我们今天的行程不仅要走到，而且要在限定的时间内走到。这对我和浩文是一个新的考验，要求速度。我们只能快步行走，并减少休息的次数，和第二天一样，我在前面走，浩文在后面跟着。一公里，两公里，三公里，我们马不停蹄。为了赶上进度，浩文几乎没有提出休息，只是间或站在原地喝点水，就继续赶路。

很快，我们走了四个小时，13公里，还有最后10公里，其间浩文仅仅休息了一次，吃了点东西。而我脚上的伤痛在不断地提醒我关注它，这两天随着伤员不断地增加，大部分队员已经选择上车了，这对我当然也是一种诱惑，我对浩文说："妈妈脚实在很疼，走不动了，你和许光哥哥一起走，妈妈上车好吗？"儿子看着我，很认真地说："妈妈，现在还有10公里，也就是还有三万步。妈妈，只要你坚持不放弃，你可以走到的。"面对儿子期待的眼神，我知道妈妈就是榜样，我在这个时候没有任何理由放弃，于是坚定地对浩文说："好的，浩文，谢谢你的鼓励，妈妈可以的。"于是母子俩再次上路。

接下来的10公里，我们经历了戈壁最炎热的时间，这段时间浩文的体力消耗是最大的，剩下的路需要我们不断翻越一个又一个小山丘，我们没有任何语言上的沟通，我在前面走，浩文远远地跟着，我们身体上有些距离，但是他和我心里都明白，我们母子的心在一起。最后的5公里，浩文显然没有了力气，走得越来越慢，每一步都是在挪动。但是浩文并没有提出休息，我知道他在扛。我走在前面拿出路餐递给他，平日里吃啥都香的儿子却说，妈妈我吃不下。我了解孩子在烈日下极度疲惫到不想吃东西了，我的眼泪止不住地流下来。这时候孩子已经走了一百多公里，现在放弃实在可惜，若不放弃，孩子又实在走不动了。浩文看着我说："妈妈你哭了，不要哭，妈妈，我可以坚持，我只是担心不能在既定的时间内走到终点。"我说："不要担心，浩文，就算过了时间，我也可以和组委会协商，只要你愿意走，妈妈都陪着你。"浩文说："妈妈，我要走。"语气非常坚定。

接下来的 3 公里，浩文没有休息，一步一挪地走到终点。在路上浩文捡了前面的人留下的三个矿泉水瓶和塑料袋，鼓励了一个走不动躺在路上休息的叔叔。

历经 14 个小时，唐浩文终于胜利地走到了目的地——白墩子。

……………

回首整个历程，与其说是妈妈成就了儿子，让儿子成功了，不如说是儿子成就了妈妈。作为妈妈，是孩子成就了我的坚强。我必须承认，这几天里我想过要放弃，第三天孩子独自上路的时候也有过偷懒的想法，觉得反正孩子不在身边，这样辛苦不如不走，但是又想，孩子虽然看不到我，但心是知道的，我要用行走的方式在心里默默支持儿子。第四天面对伤痛的时候，我更加想放弃，此刻还是儿子在身边的鼓励让我觉得自己必须要做出一个榜样，不能放弃。如果我也放弃，就等于给了孩子一个可以放弃的借口和理由，所以我不能放弃。

浩文告诉了我什么是坚持，坚持就是——离目标还有多远？我们用什么方法可以达到？为此我们要付出什么？达到了目标我们又可以获得什么？我想起最后 10 公里浩文告诉我的话，妈妈，还有 10 公里，就是三万步，只要你坚持就一定会成功。浩文告诉了我随时享受当下的快乐，将痛苦也当作快乐去享受，痛苦结束的时候，下一刻的快乐升起，马上回到当下享受即时的快乐，孩子第二天在第二个集结点吃饼夹榨菜的开心模样，立刻出现在眼前……

想起《心经》里的那句：心无挂碍，无挂碍故，无有恐怖，远离颠倒梦想，究竟涅槃。原来孩子是真正了解其中的道理的。

谢谢儿子，有你的陪伴，妈妈更加坚强。

踏上自己的心路

曲若菲　戈友 ID：00194T03

贞观初年，正值盛世之前的边境动荡，西域战乱。一位僧人身着贫苦农民所穿的褴褛衣衫，牵着一匹枣红色的老马，扮作逃难的百姓，从玉门关偷渡出境，从此开始了他长达十七年的求学之路。

一双草鞋，一匹老马，几个包袱，一个水袋，一篇熟记于心的《心经》。他就带着这些出发了。

我本来对玄奘这个人没有什么兴趣，然而爸爸一直对他身上的某种精神甚是钦佩。于是，在爸爸的介绍下，我抛开《西游记》中那个迷信而愣头愣脑的唐僧，渐渐开始了解真正的玄奘。于是，我对这位执着于信仰的真理的追寻者，愈发崇敬起来。

防晒的帽子，防风的墨镜，鲜艳的冲锋衣，厚重的徒步鞋，轻便的登山杖，集合，点名，合影，领路餐，装水袋，出发本身似乎已经被埋没，我只是跟着人群迈出步子。

出发后不久的一天夜里，玄奘正静坐着念经。徒弟或许已经睡去。心绪平静的时候，一点小的响动也会像雷鸣般震耳。玄奘听到有人正从背后靠近，声音谨慎而微微颤抖。也许他用余光看到了锋利的匕首，或者真的有"杀气"这种东西存在，玄奘发现自己的徒弟竟然要杀掉自己。他震惊，然而镇定。念经声并没有断。

玄奘仍然静静地坐着。第一丝曙光终是融透了本也不恶的心，让徒弟放下了匕首。于是师徒分道扬镳。背叛磨不损坚韧的心，玄奘起身继续西行。

也许只走了几公里吧，我已经很累了。当我嚼着沾上沙粒的冷餐，吮着满是灰尘的水袋的管子，我已然开始留恋令人愉悦的饭菜和各种饮料了。我一步一步地前行，更是一步一步地远离安逸的生活。

不敢回头，怕看见红旗飘扬的起点，怕会被它拖得走不动。不敢开对讲机，

还要走。与欲望交战，不能不战而退。

　　一段跋涉后，玄奘来到第一个烽火台。一条河静静淌过，为旅人带来湿润的欣喜。玄奘弯下身，想装满自己的水袋，然而一支箭射来，险些射中他。烽火台的士兵已经发现了他，逃跑已经没有可能了。于是他被带到军官面前询问身份。他本以为自己已经没有希望了，西行之路就此停止了，然而意外的是，军官是一个虔诚的佛教徒，他命人放走玄奘，并指点他绕过第二个烽火台。于是二人辞别，玄奘踏上又一段征程。

　　秋风使寂静的戈壁更加肃杀，千万年以来留下了被称作"雅丹地貌"的独特印记。我行走在民族乃至世界的历史中，偶尔会感到暂时忘却了疲惫，沉浸于浓郁醇厚的岁月中，这也为艰难的旅途带来偶然的快乐。无论如何，路是要走完的。就让这些快乐，成为路边可爱的野花吧。

一根麻绳打了一个活扣，把水袋系在马背上。长途跋涉，这匹老马已经步履蹒跚。颠簸中，活扣渐渐松开，最终水袋掉到了地上。水哗哗地流出，渗进干裂的土地。当玄奘蓦地转回头时，惊愕与绝望顿时侵袭了全身，崩溃与放弃无法抵挡地袭来。于是，玄奘调转马头，走上回头路。

　　我躺在砾石滩上休息，放松酸胀的肩膀、酸胀的胳膊、酸胀的腿。风飒飒地吹过，带来醉人的凉爽。我嚼着牛肉干，啃着黄瓜，看着湛蓝的天空。

　　我不想起来了，不想再走了。我没有决定放弃，却也没有决心坚持。我只是闲散地躺着，不敢再爬起来。

　　玄奘回头后，徘徊行了五里地，然而他的内心从未平静。

　　宁可就西而死，岂能归东而生！自己曾经的誓言久久回荡着，震颤着这位求知者的心灵。崇高的信仰，怎能被生死所累？用生命，与理想定下赌局，我不会认输。生死间，这充满力量的信仰之间决定行走的方向。于是他顿悟。我曾发愿，不至西域，终不东归一步，今何至此？他毅然勒住缰绳，再次调转马头，重新向西走去。这条路，西域不是终点。这条路没有终点，只是朝着真理的方向。

　　我休息时，一个个人从我身边走过，留下一句句鼓励的话语。眼看着队尾逼近了，我越来越不安。

　　我曾说过，我不是来玩闹的。我曾想过，我一定要走完全程。我没有受伤，我没有理由放弃。我闭上眼，想起玄奘，想起大漠中蹒跚的身影，想起草鞋，想起无力的老马，想起那句如雷贯耳的"宁可就西而死，岂能归东而生"，仿佛玄奘就走在我的前方。

　　我猛地起身。我要继续。

　　前方，营地的红旗在飘动。但我知道，那不是终点，远远不是。

　　这条路没有终点，前进是唯一的方向。每个人都有自己的心路，辗转曲折，这条心路没有终点，只有信仰作为方向。

　　踏上自己的心路，且一步一步地走。不要惧怕身边的诱惑，只要记住心中的方向。

让我自己走
一个不是问题的问题

　　我老板的儿子去过戈壁。有一次他说我有一个什么什么事儿，非常郁闷。过了两天我问他，那事儿怎么样了？他说，戈壁都走过了，那算什么事。

　　过两天，他打高尔夫打了一个特别好的成绩，我问他，可以啊，打得这么好，他说戈壁都走过了，这算什么。

　　一件事物，两面性如此明确，让我不禁开始思考，这是一场什么样的活动？

——印朝晖（戈友 ID：05413C07）

　　孩子的思维和能量，其实远远超乎我们的想象。而在自己的孩子面前，家长的"幼稚"和"单纯"，也同样远远超乎我们的想象。

　　在戈壁成人礼活动中，第一天，由父母带着孩子向前走；第二天、第三天，他们和小伙伴结伴同行；第四天，则由他们带着父母向前走。

　　这本是一个偶然的安排，但事后我们发现，这其实既是一种隐喻，又是一个测试，当然它更是人生的缩影。我们从随后发放的调查问卷的统计结果中发现了很多有趣的现象，其中有些源自领队的观察，有些源自小队员自己的记述，也有些源自对数据的综合分析。我们迫不及待地想要分享这些惊喜的发现。

关键词一：选择和诱惑

生活充满各种诱惑，一个小小的诱惑就有可能会让你选择不同的道路、得到不同的结局。在戈壁上，食品和水都是异常珍贵的东西，但最巨大的诱惑无疑是一辆能带你回到营地的救援车。玄奘之路戈壁成人礼活动有着完善的安全保障体系，其中最为重要的就是可在活动中随时随队待命、随时准备救援和收容的"救援车"（又名"收容车"）。从本质上说，"玄奘之路"是一次完全基于自愿的戈壁徒步，但是在烈日的炙烤下，在行走了许多个小时、脚磨出了水泡、嘴唇干裂开来的情况下，上车还是不上，的确是个问题。

队员们如何与自己的意志斗争，又做出了怎样的抉择呢？

从 2005 年到 2014 年，参加过玄奘之路戈壁徒步系列活动（商学院挑战赛、戈壁成人礼、刀锋领导力培训）的队员人数已经达到 6 000 多人，其中年龄最小的 7 岁半，年龄最大的 78 岁，18 岁以下的青少年共计 380 人。我们在其中发现了一个有趣的现象：如果我们按照年龄分组，7 岁~18 岁为少年组，19 岁~35 岁为青年组，36 岁~60 岁为中年组，哪一个年龄组徒步走完全程的比例最高？（不同年龄组所走的路程距离有一定差异，少年组全程为 88 公里，青年组和中年组全程为 112 公里。）

看到这个问题，多数人的第一反应是青年组，因为他们年轻力壮；部分人的回答是中年组，因为他们的人生阅历造就的意志力足以支撑他们走完全程；但是几乎没有人会意识到，恰恰是少年组完成的比例最高！

原因何在？恰恰是一个巧合使得我们开始认识并关注一个意料之外但又在情理之中的原因。

2010 年 10 月，在第二届戈壁成人礼活动中，我们第一次实施 D1 和 D4 家庭结组、D2 和 D3 孩子们独立结组的徒步行进方式。D1 结束收队时，安全保障人员注意到，玄奘之路戈壁徒步活动五年来，第一次出现了全天没有一个队员

上收容车的情况。此时我们并未太在意，认为这是家庭结组前进而家长们对孩子一路督促的结果。

D2 和 D3 两天，孩子们离开家长，独立结组前进，家长们也彼此结组前进。结果，D2 全天孩子们依然没有一个上车，但家长们已经开始纷纷上车了。这一天我们推断的结论是：孩子们体能恢复快、消耗小，他们的体力比我们想象的要强。而家长们放弃的原因则比较复杂，有不少是自身未能坚持，但也有一些是为了提前到达营地，给孩子扎帐篷。

D3，家长们依然未能全部走完全程，孩子们当中，有一个十几岁的女生因为生理周期原因不得不放弃，中途上车，她的一个伙伴陪她一起坐车到了终点。

晚上大家分享的时候，这个女生说到自己因为身体不舒服不得不上了"收容车"时，孩子们突然发出一阵惊讶的感叹：哦？还能上车啊！

这下子我们明白了，孩子们能坚持下来，完全是因为一个简单得不能再简单的原因：他们以为，自己别无选择！因为没有其他选择，他们只有坚持，所以孩子们一个不落地走到了终点。

不过，到了这个时候，和团队一起胜利抵达终点已经成为值得他们骄傲的成功，也成了他们追求的结果，所以，到了第四天，当要回归家庭带着父母向前走时，孩子们已经有了足够的自信心和责任感，所以最终的结果是，孩子们和他们的父母全部成功抵达终点。

基于此次的经验，我们在为第三、四届戈壁成人礼活动设计调查问卷的时候，专门设计了对孩子们和父母到达终点比例的统计，结果依然如此。

选择和坚持展现的是一种负相关关系。当没有选择的时候，坚持会变得比较容易。比如那些少年，他们"以为"自己没有选择；又如那些平均年龄超过40岁的中年人，青春岁月已经远去，他们理性地"认为"未来的生活里不太可能还有很多的选择，而唯一正确的选择往往是坚定而认真地走完脚下的路，所以他们徒步走完全程的比例也很高；最难走完全程的恰恰是刚刚大学毕业的年轻人，对于他们而言，选择的机会还有很多，而选择一个就意味着放弃另一个，这样看来，拥有选择的机会，坚持往往就变得比较困难。当然，不同情形之下，坚持也并不一定都是正确的，青年人拥有更多的机会，他们当然可以去做更多的选择，去尝试寻找自己真正想要追求的道路。

因为戈壁 所以成长

《中国企业家》记者 刘淼 戈友 ID：02140C04

第二天，少年们迎来了最长也最艰苦的一段路：20公里的黑戈壁，还有近10公里坑坑洼洼的盐碱地。这段盐碱地里长满了骆驼刺，骆驼刺是一种生命力极强的草，是干旱地区特有的植物，叶片圆而小，一丛丛低矮的绿色告诉我们戈壁滩并非寸草不生，戈壁中也有生命的存在。但骆驼刺是行走途中不小的考验，小队员们一不留神就会被刺伤。除此之外，这段最艰苦的行程中还伴随着毒辣的阳光。戈壁上的太阳很毒，即使到了10月，白天的最高温度也会达到30摄氏度。同时，这天也是少年组脱离成人组单独行进的一天，行进过程中家长不能随行和看望，艰难程度可想而知。

傍晚时分，第四届戈壁成人礼的活动总指挥刘晖通过对讲机得知"飞虎队"仍然在盐碱地里艰苦地前进，担心小队员们因体力透支而发生意外，决定派车去接他们回来。当四五辆吉普车绕过盐碱地，确定了孩子们的方位并最终与他们会合时，没想到刚刚还一直沉默前行的孩子们看到车灯后一个个都亢奋起来，死活不肯上车。最终车子悻悻而归，早已回到营地的其他队员得知后则深受感动。

"飞虎队"是这天最后抵达营地的队伍，这时天已经完全黑了，但所有先行到达的人都守在营地门口高声呼喊，给他们加油鼓劲，大家齐声大喊着："飞虎队，加油！飞虎队，加油！"1 000米，500米，100米……孩子们用极慢的步伐接近着，一盏盏头灯闪烁着，仿佛可爱的小星星。有位母亲眼睛里噙满泪水，紧握住双手放在胸口，看着孩子一步步走近，忍不住说："从来没舍得让他走过这么长时间啊！"是啊，从早晨8点出发到晚上8点抵达营地，他们整整走了12个小时！

当飞虎队喊着整齐的口号迈进营地大门时，漆黑一片的夜空为他们绽放出绚丽的礼花，收容车打着远光灯，向他们鸣笛祝贺。爸爸妈妈们反而显得孩子气了，他们快步奔去，拥抱着孩子们激动地流泪。

关键词二：自我激励

当成人礼项目更加成熟的时候，"上车"便不再是一个秘密了。这个时候，放弃似乎变得更加容易，而坚持则变得更难。那么结果呢？孩子们能够抵挡住救援车的诱惑吗？

我们曾在每日的调查问卷中要求孩子们设想一下，"如果明天途中你想到放弃，你会用什么办法来激励自己？"而在第二天则要求孩子们回答"想想昨天设想的在行程中激励自己的办法是什么？今天所用的果然是这个办法么？"我们对孩子们曾经使用过的所有激励方法做了统计，发现孩子们想出的自我激励方式非常丰富。

以下是比较经典的自我激励方式：

- 来了，就不要再放弃了，妈妈鼓励我要学会坚持。
- 坚持就是胜利，我们家老张要我微笑面对一切。
- 队长帮我背包，不断鼓励我。
- 我们的领队跟我击掌加油。
- 不能给其他队员和整个团队添麻烦。
- 领队叔叔偷偷鼓励我，还给我路餐和水果。
- 亲人啊！谢谢领队给了水并帮我加油。
- 为了父母，为了自己，为了对得起成人礼和未来。
- 我是王者，面对困难没有后退的选择。
- 走不下来，我就太丢人了。
- 停了就是废物啦。
- 想象前面的风景，在路上收集石子。
- 我会想象自己在终点与队友们共同为自己的努力而庆祝的场面。
- 鸡翅、蛋糕、牛排、可乐，我来了！在营地等着我。
- 我闻到羊肉汤的味道啦。

改 变

徐思远 戈友 ID：03679C06

又冷又饿，又在如此恶劣的环境下，我快要被击垮了，心中想到了"放弃"这两个字，看到救援车经过时，似乎有个声音在说："天气太恶劣了，你坚持不住了，上车吧！"有好几次，我都想叫他们让我上车，可又缩了回去。后来，又有一辆组委会的救援车经过时，工作人员让我去车上"休息"一下，避避雨，我终于没忍住，就上了车。车里很暖和，冻僵的身体逐渐恢复过来。我的心中又响起了另外一个声音——"一定要走到底，放弃是可耻的"，我的意志也逐渐清醒，"再坚持坚持，说不定很快就可以到补给站了！"

这时，志愿者老师已经走出去大概三四百米了，救援车赶上了他，我坚持下了车。"热身"过的我恢复了活力，天气也开始帮忙，不再下雨。这样又走了一个多小时，终于看到了补给站。

我想，都到了补给站，我肯定能坚持到营地的。但是，出了补给站几公里后，地势变了，从平坦的戈壁变成了盐碱地，没有一块是平地，周围都是骆驼刺。天色也慢慢暗了下来，看来我们在天黑之前回不到营地了，我又有一点想要退缩。

这时，我想起老爸昨天一直同我讲的："再坚持一会儿就到了。"而志愿者老师也一直鼓励着我，说："我们现在陷在盐碱地了，除了往前走别无他路。"就这样，我心中默默念着"坚持就是胜利"，在头灯微弱的光线下继续前行……

我一直坚持着，顺利地穿过了盐碱地。在晚上9点多的时候，营地终于到了！到达的一刻，营地里还放起了烟花，让我觉得自己是个胜利者。

女儿送我的意想之外

印朝晖（母亲）　戈友 ID：05413C07
周荆韬（女儿）　戈友 ID：05411C07

我带着女儿和侄子走戈壁成人礼的时候，让我意想不到的是，我的女儿最终能够走下来，因为我女儿比较胖，第一天走的时候领队就有点担心，说能看出她是勉力在"坚持"。我说没问题，我觉得第一天到第三天都能坚持下来，第四天我没有什么把握。

第四天她跟我说，她一路都想要走下来，但是她有一种情绪，要发泄出来。

我们一起走，她问我，妈妈我是你亲生的吗？我说怎么了？她又问，我是你充话费送的吧？然后我说没关系，咱们就一步步走。我稍微走到她前面一点，她说妈妈你是不是看着我着急，特想走到前面去？

团队的摄影师海洋特别有意思，老想拍到她哭的照片。为什么？因为她真的很胖，她走得很辛苦，而她又属于细皮嫩肉型的，反差很大。她脚上都是血泡，一挑血泡，摄影师就跟过去。她对着镜头，"咻"地笑了，最后一天，又是挑泡呢，摄影师跑过来，她看到镜头，又露出笑脸来。摄影师挺郁闷，说这次一个哭的镜头都没有拍到。

最后一天，她说那肉夹馍真好吃，意想不到。她还说下次再来的时候，打算接谢师傅的班，开光荣车（收容车）。我说，你接他的班干吗？她说，我谁都不让上。她说，一步一步走起来，就到了。

实际上，最后半天，我们走的时候，她一直自己叨咕，妈妈，还有多远？我看不太懂 GPS，而对讲机里总是有人说自己到哪儿了，对她也是刺激。她说，别让他们喊了，让我静静地慢慢走吧，让我一个人安安静静走完吧——在她的概念里，她从未想过放弃，但是她也没有想过肉体上的这种疼痛会带给她那么难以忍受的感觉。

尽管她用各种各样的方式宣泄她的情绪，但是她真的走下来了。她走的过程真的很痛苦，但是一到营地，她乐观的特质又都显现出来了：

她跟一个男孩子在那儿比："你的泡多吗？你这儿有多少个？"

那个男孩说："我个数没你多，但是我个头比你大。"

关键词三：计划、反馈与调整

从准备日 D0 开始，每天晚上，孩子们都要对明天能否走完全程、走完全程的时间做一个计划和预估，第二天晚上结束的时候，再把实际完成的情况填写在问卷上，随后再预估下一天的。这样，在统计问卷的时候，我们可以把每天的计划和实际完成情况做一个对比，也可以观察小队员在这四天当中是否有意识地针对计划进行了反馈，并及时在行动中做了调整。我们将预期完成率和实际完成率做了一个对比。

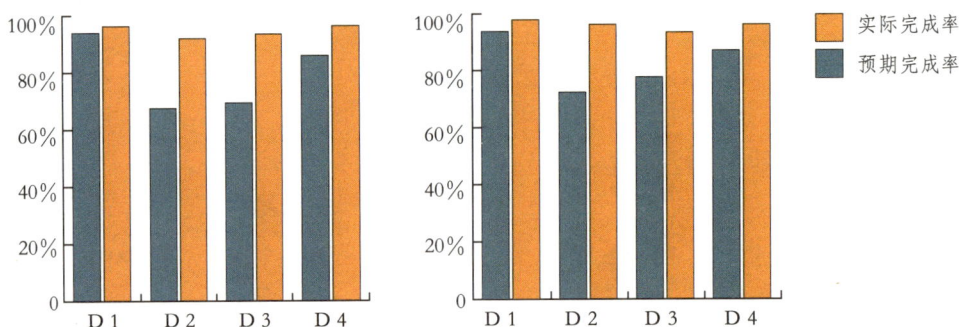

预期完成率与实际完成率的对比（左为第五、七届，右为第六、八届）

D0 时，我们问小队员们："未来四天，酷热戈壁上的近百公里陌生区域徒步行程，你能全程走下来么？"小队员们在这第一次预测时都表现得很乐观，他们中的不少人会毫不犹豫地表示自己能走下来。但真正完成第一天的徒步后，戈壁严酷的环境和长距离徒步的体能消耗还是让他们对于自己的能力产生了一些怀疑——他们对之后一天的徒步信心陡然下降。但随着活动的开展，他们的信心也逐渐回升。而且，相对于小队员们首次受挫后谨慎的预期，每天的实际完成情况总要更好一些，这对他们恢复信心和自我调整是有积极价值的。

小队员们所说的"我要……"、"我要……"，也许只是一个个很小的目标，但在戈壁上，一切都会被放大，你的计划和施行，变成了你的力量和勇气，你不经意的小举动也可能给别人带来感动。

戈壁的意义

郑欣蕾（母亲）　戈友 ID：01513G06
顾顾枫（儿子）　戈友 ID：05336C07

第一天，刚开始顾枫走得特别好，但是之后他越来越慢，越来越慢。我知道已经到了他的极限了，后来成人礼领队涂欣也陪着我们一起走。我一直在说服自己，说这次走戈壁其实是在教育我自己，不要用我的标准要求一个孩子。

晚饭他几乎没有吃，挺早就钻到帐篷里去了。我进去以后，看到他脸通红，一摸，发烧了。当时我觉得自己有一种特别强烈的挫败感。我问，怎么发烧了？他沉默了一会儿，说，妈妈，你是不是特别失望，我是不是明天走不了了？

我当时听完他的话真的特别想哭，我说不会的，你只是今天有一点中暑，只要你喝一点药、咱们早一点睡，明天你还是能走的。其实我当时以为他是想放弃，所以要找一个借口。结果他二话不说端起药一口就喝下去了，然后倒头就睡。所以我知道，他骨子里特别特别在乎这件事。

其实，从那天晚上起，我觉得我们这趟到戈壁的意义就都有了，后面几天走也好，不走也好，走下来也好，不走下来也好，我都觉得他已经知道在自己的人生中他想要的是什么、要怎样去做了。

关键词四：目标的价值

从动机到行为是一个复杂而系统的心理学命题，这个命题几乎可以由现代心理学的各个学派、从各种不同的角度来进行解读。我们可以将戈壁成人礼作为一个案例来观察，动机是如何产生的？它和行为的关系如何？而自我又是怎样在实施行为的过程中实现自我调节的？更进一步，这种动机、行为和自我调节的过程，是否会影响甚至改变参与者的精神世界和心理模式？通过这些分析，我们试图对这样一些问题做出解释，即为什么会有那么多的人——包括孩子——去选择戈壁徒步这样一个近乎自虐的行动，甚至乐此不疲？他们在这样的行动中收获了什么？为什么很多人甚至会说"玄奘之路戈壁徒步，改变了我的一生"？

从动机心理学期望价值论的角度看，动机＝期望 ×（目标）价值。也就是说，人们选择一个目标的动机取决于"他们认为实现这个目标的可能性的大小"和"他们心目中这个目标的价值"这两个因素的乘积。如果人们认为自己能够达成目标，并且这个目标的价值很高，他们就会产生积极的期望和较强的动机，反之则会产生消极的期望和较弱的动机。在极端情况下，如果这两个因素中有一个是零，那么就不会产生任何的动机，目标也就不会达成。

因此，如果我们要增加动机的强度，既需要在实现目标的可能性上下功夫，又需要在提高目标价值上下功夫。如果用百分比来表示，实现目标的可能性只能在 0 和 100% 之间，不可能超过 100%。但目标的价值却可以是一个在负无穷与正无穷之间的任意数字。显然，如果一个目标是可以实现的，而其价值是正无穷的，这样的目标将是最能够让我们产生强大动力的目标。

那么，什么样的目标的价值是正无穷的呢？动机心理学家认为，同样的目标可以被不同的人知觉为不同的抽象水平，也就是说，有些人对目标的理解是精确而具体的，而另一些人的理解则是广泛而抽象的。一般来说，那些用广泛而抽象的语言进行描述的目标，会被认为比那些用精确而具体的语言描述的目标更有价值。比如一个著名的励志故事所讲述的：

国王看到三个泥瓦匠在一片空地上干活，便问他们："你们在做什么？"第一个人粗暴地回答："我在垒砖头！"第二个人有气无力地说："我在砌一堵墙。"第三个泥瓦匠则热情洋溢、充满自豪地回答："我正在建造一座宏伟的寺庙，奉献给伟大的神！"

在最普遍的情形下，人们的较高目标是围绕着他们想要成为的人来设定的，也就是围绕着他们心目中"理想的自我"来设定，例如，一个人可能想努力成为"独立的人"、"成功的人"、"被神眷顾的人"或者"一个好人"。像这样的与价值观判断相关的自我目标已经经过了大量的研究，通常被认为是人生中最有价值的目标。

显然，我们都希望自己成为那第三个泥瓦匠，但要成为他首先要有能力在自己心中描摹出那座宏伟的寺庙，甚至抽象出那位伟大的神，也就是建立价值观。

从认知心理学的角度看，人的信念和价值观完全是可以培养的。

我们用这个"期望—价值"结构理论去分析第五至八届成人礼活动中通过"动机、行为与效能"调查问卷获得的数据，结果很有价值。

在每届成人礼的集结日 D0，问卷中都有这样一个问题："未来四天，酷热戈壁上的近百公里陌生区域徒步行程，你能全程走下来么？"在第五至八届成人礼的调查中，选择"我一定能走下来"的占到76％，只有4％的人选择"我肯定走不下来"（第三、四届无人选择此项），1％的人选择"我恐怕走不下来，试试吧"，剩余19％的人选择"我不确定，但我会尽力争取"，对活动仍有着比较积极的态度。也就是说，如果我们套用动机公式，在"能否实现目标"的期望方面，绝大多数人的选择是100％，只有极少数人选择了0。这很好理解，认为自己肯定走不下来的，大部分不会选择来参加戈壁成人礼，他们没有任何动机，也很难得到较好的结果。

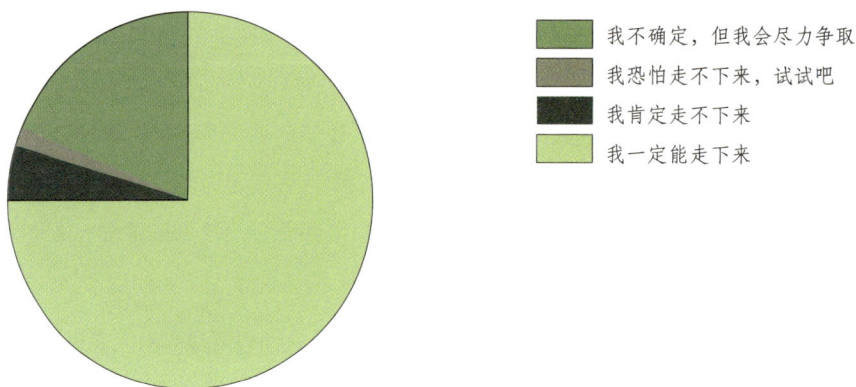

图例：
- 我不确定，但我会尽力争取
- 我恐怕走不下来，试试吧
- 我肯定走不下来
- 我一定能走下来

"未来四天，酷热戈壁上的近百公里陌生区域徒步行程，你能全程走下来么？"

戈壁成人礼并不是一次违反人类体能极限的挑战，如果中间不放弃，大部分人是可以走完的。所以，成功与否基本上取决于"坚持"或"放弃"的行为。因此我们把"成功走完全程"作为一个标尺。实际完成情况如何呢？选择"我一定能走下来"的队员，实际完成率是94.1%，选择"我不确定，但我会尽力争取"的完成率也高达92.9%，选择"我恐怕走不下来，试试吧"的完成率是66.7%（此项样本只有3个，或许不具有普遍代表性），而选择"我肯定走不下来"的，完成率只有44.4%。

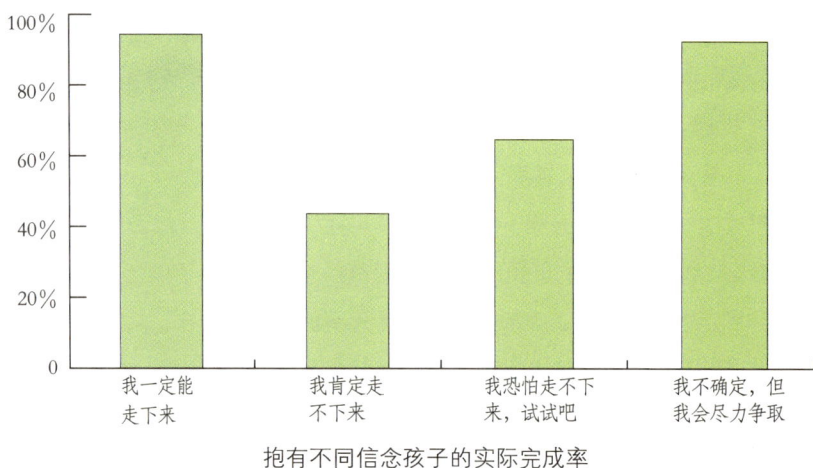

抱有不同信念孩子的实际完成率

再看看目标的价值。我们原本没有专门设计这方面的问题，但在利用上述动机公式进行统计研究的时候，我们却注意到了一个可能具有启发性的相关因素。在 D0 问卷中都有一个问题，即"戈壁成人礼在你心中的印象是什么？"我们提供了一些选择，被调查的队员也可以提交其他的答案，而在戈壁成人礼活动结束之后，我们再次询问了他们对于这一活动的印象。结果是：出发前，得票最高的选项是"挑战"，占到 40.7%，其次还有"刺激"（18.8%）、"户外旅行"（14.9%）、"好奇"（10.4%）、"成熟"（8.1%）、"浪漫"（2.9%）等。而结束后，选择"挑战"的比例迅速提升到超过半数（53.3%），选择"成熟"的上升到 13.2%，而选择其他选项的比例大多有所下降。

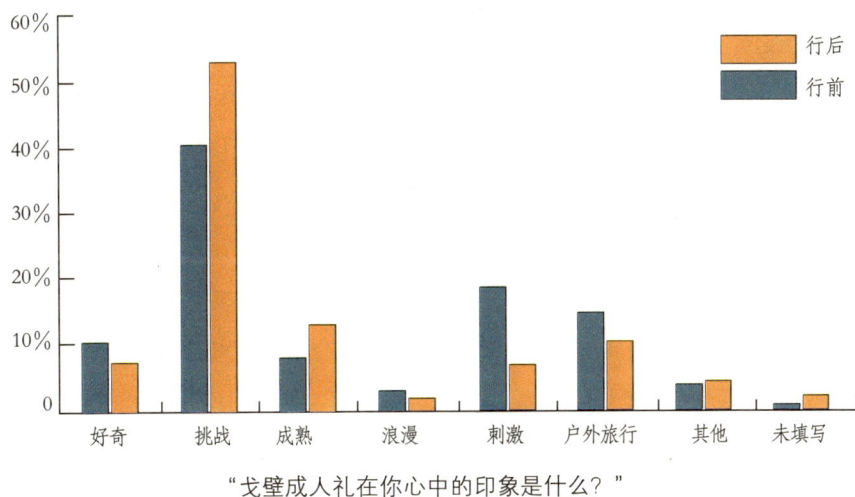

"戈壁成人礼在你心中的印象是什么？"

我们原本没有想到会有这么多的人选择"挑战"，选择它的人数是排在第二位的"刺激"的两倍还多（换个角度理解，"刺激"也是"挑战"）。但是结合"期望—价值"公式，这个结果就很好理解了：

"戈壁成人礼在你心中的印象"，某种程度上也反映了它在小队员心目中的"价值"。"挑战"属于意志品质，属于价值观范畴，无疑是更广泛更抽象的目标，因此它比具体的旅游或其他户外活动有更高的价值。

既然动机＝期望×（目标）价值，而期望已经得到了最高值100%，那么（目标）价值就成了更加具有决定性的因素，目标价值越高，动机就越是强大。

前面已经提到，人们的最高目标都是围绕着其"精神自我"而设立的，价值观、信念等通常被认为是最有价值的目标，这一点已经被许许多多的心理学研究所证实。但想要激发出这样的追求并不是一件很容易的事情。

从这个意义上看，戈壁成人礼正是因为有效地激发了孩子们对这种"精神自我"的追求，触动了他们价值观层面的思考，方才在贫瘠和艰苦中显得魅力无穷。

而且，根据洛克（E.A.Locke）的目标设定理论，目标本身就具有激励作用，目标能把人的需要转变为动机，使人朝着一定的方向努力，并将自己的行为结果与既定的目标相对照，及时进行调整和修正，从而实现目标。该理论认为：挑战性目标是激励的来源，人们会根据目标难度的大小来调整努力的程度，目标的难度将影响行为的持久性。同时，目标的难度、清晰度、个体是否参与目标的设置，都是目标实现的重要的影响因素。

自己选择来参加戈壁成人礼的队员（指的是在"决定参加戈壁成人礼，最主要是谁的愿望？"中选"C.我自己"的队员，另外两个选项分别为"A.父亲"、"B.母亲"）占到整体人数的一半，而且他们对于走完全程的信心也比并非自己选择参加的队员要强。

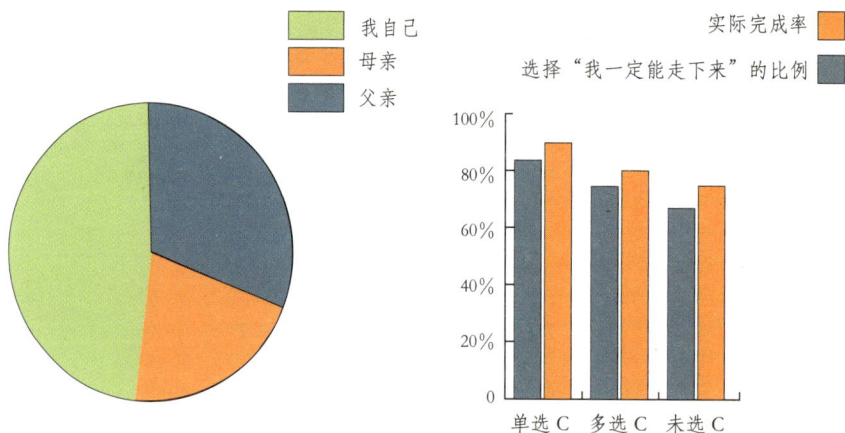

"决定参加戈壁成人礼，最主要是谁的愿望？"

主观愿望与完成信念、完成率的关系

"单选 C"，意味着被调查者刻意强调参加成人礼主要是自己的决定；"多选 C" 偏重于强调这是被调查者和父母共同的愿望；"未选 C" 则意味着这更多是父母的愿望，而不是被调查者的愿望。显然，自己决定来戈壁的孩子，有信心走完全程的比例最高，实际完成情况也更好。而依父母的意愿来到戈壁的孩子，走完全程的信心明显低于那些自主选择的孩子。

可见，参与目标设置与被分配目标相比，更有益于孩子们建立较高的目标并取得较好的成绩，因为参与目标设置本身就强化了对目标的承诺。

谁说我们还是孩子？

常清怡 戈友 ID: 01070C02

这是我第二次参加成人礼，自己要求来的。其实我第一次走得蛮痛苦的，但每天到了营地都觉得很有成就感。所以这一次来，我是想重新找到成功的快乐。

这次爸爸不在身边，我反而可以做一切事情。我可以搭帐篷（虽然就搭了一次），我可以自己装水，我可以自己干这干那。我以前从来没有想过我能做这么多。一开始听到爸爸不来的时候，我责怪爸爸，甚至自己也不想去了。可是我可不想跟着爸爸一起当个大忽悠！而且我发现我也有点想跟王若洋那个小胖墩一样走十年！虽然到时候我只能当个志愿者。

如果下次我还脑袋一热去了的话，我还是不想让爸爸跟着，我觉得每天跟着领队挺好的！而且不用在意那么多。另外，下次如果还是我一个人去，我可不可以一个人住帐篷？这样晚上翻身方便……

如果有下一次，我要重新树立我的目标。如果有下一次，我要再在篝火晚会上"大展雄姿"。如果有下一次，我要继续赢得我的第一。如果有下一次，我要开开心心地走过四天。如果有下一次，我一定不会忘带相机。

如果有下一次，只要没有特殊事件我还是会去的。我还要成人第三次，哈哈。而且，如果有下一次，我还要去跑兄弟连。

荒漠诞生的"新社会"
少 年 团 队 " 自 组 织 " 的 观 察

"团队不一定能使你走得更快，但一定能使你走得更远。"

这是一个孩子在徒步结束后的成人礼仪式上的分享发言。这也是我们无意中的一个问卷设计失误带来的发现。

在徒步的第二天，我们曾经在问卷中两次问到，明天你能否走完全程？第一次我们是这样问的："明天我们的徒步行程是直线距离 22.4 公里的河床、戈壁和丘陵，你能走下来么？"虽然已经经历了一天的艰苦徒步，还是有70.2% 的人认为自己一定能走完全程；隔了若干问题之后，我们再一次问到这个问题，但提问的语境不同："明天你会和年龄相近的伙伴们组成一支队伍，独立行进。你认为你们的团队能顺利走完全程么？"在这里，"你们的团队"代表的不仅是集体，其中一定也包含了"你"。这一次，有许多队员改变了答案，89.3% 的人认为他们一定能走完全程。而在以往每届的调查中我们都可以看到，小队员对于自我在团队中的表现的预期，普遍高于在普通语境下对自我表现的预期。

而团队中的分工协作、互相扶持，也是自然而然发生的。

正如第三届戈壁成人礼的飞虎队副队长周雨涵在日记中所描述的："今天是我们徒步走戈壁的第一天，一共要走大约20公里，我是副队长，胡仡昆是队长，还有几个人分别是记者、副记者、旗手和副旗手（虽然现在我还记不住他们的名字，可今后一定会记住的）。"

我们在短短的四天中，看到了一个少年团队的形成。

关键词一：速度

　　我们的队伍走走停停，因为每当队伍变得太分散时，前面的人总要停下来等后面的，这使得我们的速度异常慢。这样下去，非走到半夜不可。又一次休息时，我们打算加快速度，但很多人都皱起了眉头，怕自己跟不上。我们的一个指导员讲了一个故事：有一个人向一位智者问路，他问智者到他要去的地方要走多长时间，智者笑着让他沿着要去的那个方向走，自己跟在他后面，走了十多分钟，智者还是没有告诉问路人答案，问路人很生气，问智者为何不告诉他而只是让他走，智者说："你不走我怎么知道你要走多长时间呢？"是啊，如果我们不走起来，怎么会知道我们到营地要多久呢？

——周聿昕（戈友 ID：01154C02）

速度，或许是少年团队首先要面临的问题。

在行走的路上，当你和团队其他成员在一起时，你应该如何控制速度？按照自己惯有的步伐前进？还是走在队伍之中，配合他人的频率？

我们的调查还在继续。第一天的行程结束之后，我们让小队员预测，团队会对接下来的行程有怎样的影响，对自己有怎样的影响？其中包括行走的速度、身体的状态和坚持下来的可能性。在第三天徒步完成后，我们又继续调查了团队对他们实际产生的影响。令人欣喜的是，无论是预期情况还是实际情况，对团队的作用持积极态度的孩子都占到半数以上，而认为团队会让自己走得更慢、更辛苦的人只占很小的比例。当我们更具体地问到团队的作用时，我们发现，孩子们关注的不仅是行走的速度、身体的状态，更多的是心理的状态———半以上在团队中的孩子坚持下来的可能性会得到提升，或者走得更轻松。而这些积极的心理影响也会反过来促进团队效能的提升。

值得我们进一步深思的是，在走完全程后，17.78％的孩子认为团队会让他们走得更慢，15.56％的孩子认为团队会让他们走得更辛苦，这个比例高于他们之前的预期。

显然，团队的磨合也需要放弃一些个人的舒适性，这个比例尽管不大，但我们很感兴趣：究竟是哪些人认为团队让自己走得更辛苦？是那些原本可以走得更快的人么？

于是，我们分别以第一天孩子们对个人用时的预期（反映其对个人能力的判断）和实际完成时间（反映其真实速度）作为横向标尺，交叉分析了具有不同速度的孩子对于以上这些问题的回答情况。我们惊讶地发现，无论是第五、七届还是第六、八届，都符合同一个规律：走得越快的人（包含真实情况与预期情况），越觉得团队对自己的影响是正向的———即他们在团队里面坚持的可能性更大，速度更快，状态更轻松———而并非像我们之前猜测的那样，认为团队影响了自己的速度。而处在中游的人（可简称为"第二梯队"）往往会觉得在团队中坚持下来的可能性一样甚至更小，实际速度更慢，状态更辛苦。那些速度再慢一些的孩子，则多数觉得一样或者不确定。无论是对团队作用的预期还是实际感受，均是如此。

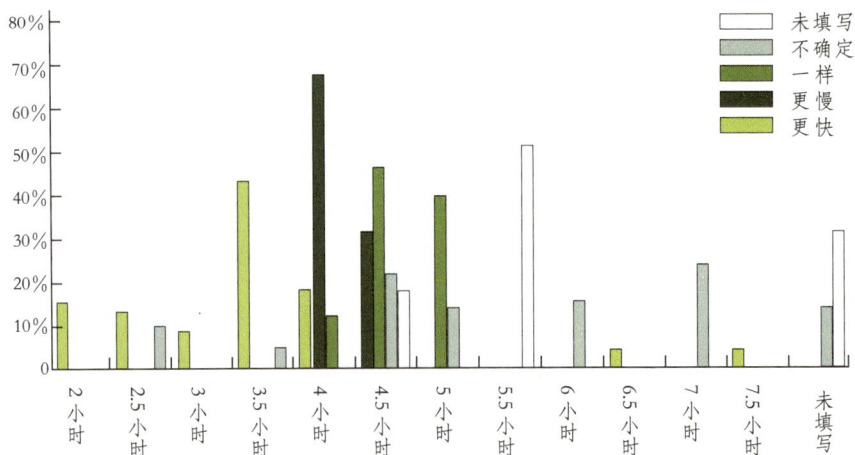

第五、七届戈壁徒步中对团队作用（对速度的影响）持不同看法的孩子的用时分布

我们猜测，"第二梯队"的此种观点或许与"银牌现象"有关。美国康奈尔大学的研究小组曾对奥运会金、银、铜牌获得者的幸福指数做过研究，通过分析选手表情，他们认为，银牌获得者的幸福指数要比铜牌获得者低。究其原因，银牌获得者的基准是金牌，而铜牌获得者的基准则是没有奖牌。后者拿到奖牌就已非常高兴，但对前者来说，获得银牌的喜悦远比不上没能获得金牌的伤感，这也导致他们对团队作用的解读更加消极。

领队们也提出了另一种假设——处于"第二梯队"中的人可能对自己没有什么硬性要求，虽然自身实力也不弱，但并不太争强好胜。相反，处于"第一梯队"中的人往往对自己方方面面都有更高的要求——这既包括速度，也包括团队感。

在今后的戈壁成人礼活动中，我们也会对"第二梯队"这一人群给予更多关注，进一步探求背后的深层次原因。

能量超乎你想象

强者与团队

刘懿柯　戈友 ID：05328C07

　　随后的路段中，我们发挥出了团队的力量，在翻越石包城时，大家都主动向同伴伸出援手，去拉一把、扶一把，帮助身边的队友顺利地翻过陡坡。荒凉的盐碱地上，有一个伙伴说说话、聊聊天、一起走，是一件多么美好的事情。

　　…………

　　后来，我们遇见了一条清透的小溪。茫茫戈壁中，能有一条清凉透爽的小溪出现，我们心中不知有多么激动，打湿了帽子、洗了洗手，一下子清凉了好多，继续上路，顿觉神清气爽。随后进入了山谷，团队的力量再一次显现了出来，走在最前方的队友不断地报告位置和标志物、告知最优路径、给出建议……如果是我一个人走，不知道会有多少次迷惘、多少次停顿，而当我身处一个集体中时，前面的人不断地激励着我向前。

　　前面的人加速前行，在与队尾相距 500 米左右时被领队"勒令"停下。就在这种反复重演的情境中，我们走到了领队口中"今天只有一个的天然阴凉地"进行午餐，甚至在午餐时间也有人想一鼓作气向前冲，却被"无情"叫回。作为一直在默默旁观的队员，我也深深地感到了"强者"与"团队"的无奈，实力强大的人总是想要展现自己的实力，也许他们做事的出发点也是为了帮助团队，但却不一定能被人理解，甚至被看作是害群之马，而团队总是要协调各个不均衡的个体，既要安抚因为无法大展身手而颇为郁闷的强者，又要鼓励产生挫败感的弱者。

　　最令人感动的一幕发生在最后的 500 米，冲在最前面的队员在领队的呼喊下"不情愿"地在即将冲线时停下来等待大家，而落在最后的队员也奋力加速赶上了大部队，19 个人，一个不落地排成一队，喊着整齐划一的口号昂首迈过终点，虽然我们不是最先到达的，但我们是最整齐、最团结的队伍！

我们一起走过

邢佳雯　戈友 ID：05382C07

> 犹记行进时的艰难坎坷
>
> 脚下的石块不知是固定还是滑落
>
> 人影高高矮矮，相伴相行
>
> GPS 和对讲机在手里紧握
>
> 15 公里，10 公里，5 公里……
>
> 公里数慢慢减少，鞋与脚被沙磨
>
> 口渴，口渴，水珍贵，只得慢喝
>
> 当初的一路欢笑已换作沉默
>
> 无言相随只为陪伴队友，节省体力以不甘示弱
>
> 偶尔也见细流脉脉
>
> 潺潺声细，谁见千万年后它又是一条大河
>
> 逶掩着的脸，千番疲惫
>
> 奔放着的心，一路高歌

"我真的走不下去了。"刘绝望而痛苦地抚着他的脚——已经起了三个水泡了——说道，"我要上……收容车。"

西瓜棚下吃着西瓜的人听到，惊呆了。我也是——怎么可能？

我们同属于三队，这是一个正在穿越戈壁的少年队伍，一共十七个人。现在我们是最快的，一起到达了补给站。

"我觉得我真的坚持不了了。"刘低着头。

手里的沙瓤西瓜仿佛一下子没了那甜香的味道——只要有一个人上了收容车，我们今天就算最先冲过终点，也没有冠军之实，因为，我们不是一起走下来的。对于个人，坚持下来的可说是很有毅力，但这个团队，却是没有毅力的。

我默默起身去给水袋接水。耳边队长和领队都在劝他，希望他坚持下来。我看到他豆大的汗珠顺着脸颊流下，他其实也真的不容易：前一天他中暑了，现在脚又有伤痛，年龄亦是我们队里最小的。但我还是走了过去，说："戈壁，我们一定，要一起走过。"

一起走过戈壁，那是我们的梦想，是三队每个人的梦想，不是么？前两天里，那些坑坑洼洼的碎石路——根本也算不上是路，那些一踩就会下陷的盐碱地，那些坡度极大的干涸河床，我们都坚持了下来，我们都希望，能携手穿越这茫茫无人的地方。

"你们先走吧。我来陪他，一会儿再追上你们。"领队看了看时间说道。

气氛顿时凝重，大部队继续向前，而刘和领队，仍在补给站。中午的烈日炙烤着戈壁上的一切。半个小时以后，补给站已经成了远远的一个点，看不清了。但刘那纠结的神情仍然在我脑海里，那么清楚。不是一起走过，不完整。

抬头，只见天边的流云缓缓移动着，离开了与之缠绵的青色远山，追逐着更深远处的云朵。

此时对讲机里忽然传来队长的声音——他在队尾收尾——"刘和领队过来了！我看到他们了！"我惊喜地回头看——整个三队都是——远远地一高一矮两个身影，正慢慢朝我们走来。能看出刘是克服了巨大痛苦的：他走得很艰难，由领队扶着，一步一步高高低低。

"我们减下速，让他们赶上来，我们三队一起冲线！"旗手激动地说。

大约20分钟后，三队全员行进。刘的身体仍不舒服，他已经捏着鼻子喝了三瓶藿香正气了。整个三队成队列行进，刘因有伤痛走在中前方，可以得到最大限度的照顾。一点半了，沙漠上日光的照射令人很不舒服。

"三队注意补水，over。"

"前方盐碱地较为难走，大家加油，over。"

"前方有很多骆驼刺，大家小心，over。"

对讲机里时不时传出提示。在我听来，是茫茫沙海上最动听的乐曲。

"刘还好吗？难受我们休息一下。"

"没事……还能坚持，鞋子处理了一下，舒服些了。"

“太好了！”

我感到高兴。看啊，三队整个队的步伐都轻了许多！天上的云集结起来，随我们的步伐一起前进。

“领队，还有多远到营地？”

“三公里左右。”

“壮哉三队！”

刘抬了抬头，看了看前方，我只看得见他的背影，那样坚毅。他的身体仍不舒服，但他和我们在一起，让我们整个三队完整无缺，我们一起走着，任何一个人都没有遗失最初的梦想！

不知何时，忽然听到了隐隐的鼓声，抬头远望，已经能看到那鲜艳的旗门！所有人都注意到了，不由得脚下的步伐又加快了，浑身的疲惫已抛到九霄云外，我们即将一起走向胜利，没有人放弃！

即使是成功前一步的道路也不会平坦，地上的细沙碎石仍然翻滚着，时不时还要拜访我的鞋子和袜子，但我已顾不了那些了，磨脚就让它磨去吧！

鼓声愈发密集了，三队的家长早已到达——他们也是第一。他们已经来到终点线旁，守在旗门下，兴奋地挥手呐喊着。旌旗鲜艳而醒目地飞扬着，似乎也在欢呼着我们的到来，鼓声隆隆，和着心中的激动，三队每个人的血液和激情都被点燃了。

“五十米了，三队冲啊！”队长大喝一声！便只见每个人的双腿都迈着最大的步伐——你能想见那情景吗？在旱峡山口，十七个少年，激动着，奔腾着，在滚石碎沙上，迈着大步，冲过终点的红线——那是团队第一的成绩。远方，沙海无垠，却已被他们一起走过。

写至此处，我的心跳动得极快，仿佛不在这空调屋里，仍然在那片戈壁上澎湃着、激昂着。

河床深深浅浅，流沙纷纷扬扬，没有关系，是我们一起走过。烈日高高在上，终点遥遥不见，没有关系，是我们一起走过！一起走过，包含太多痛苦与坚持、迷茫与抉择！那需要一个团队里每个人都意志坚强，每个人都竭尽全力，每个人面对自身的伤痛与环境的艰苦仍愈挫愈勇，才能做到，一起走过！

一起走过艰难，一起走过荣耀，则情不穿经年，不过累月，仍深入人心。

关键词二：使命

穿过了坑坑洼洼的盐碱地以后，我们来到了疏勒河。不宽的河面上架起两捆绑在一处的长条木头——兄弟连搭建的桥。在这么冷的天，起那么早为后人搭桥，想必很辛苦。

——王诺舟 （戈友ID：02113C04）

兄弟连，是一种使命。

第二届戈壁成人礼的兄弟连是在前一天晚上由小队员们自愿报名组成的，要在全部队伍出发前一小时出发，提前到达渡河点，用组委会备好的材料搭建一座简易桥梁，保证大部队顺利渡河。在这个环节中，组委会委派的领队和志愿者只能作为旁观者，由孩子们自己完成连长选举、管理、安排行程、搭桥等任务。这一天兄弟连的队员们分别来自三个小队，所以他们需要在出发前临时选举一名新的"兄弟连连长"。

选举开始后，几乎所有的队员都推选了前一天二队的队长——一个黑瘦的小伙子。小伙子只是笑笑，就自动出列，担任了连长，并同时指定了一名副连长，给副连长分配的任务是在队尾压队。之后就开始行进。连长很沉默，一直走在队伍的前面，时常通过对讲机询问副连长队尾的状况。

因为有渡河搭桥的任务，前进过程中最主要的矛盾出现了——有部分体力好的队员压不住速度，总要向前冲，这和队伍后半部分速度慢的队员就形成了冲突。连长在整个过程中始终扮演着一个协调的角色，但他似乎也没有更多的办法，总是以沉默来承受来自两方面的抱怨和压力，同时也跑前跑后地帮助速度较慢的队员。

矛盾一直积聚着，走到一半的时候，队伍不得不停下来开会，讨论如何解决由于速度不一致而产生的队员之间的矛盾冲突。起初争论的时候，连长多半时间是在倾听。有队员向志愿者询问规则，即兄弟连的任务是否是在大部队抵达之前搭建好简易桥（搭桥必须多人配合方可完成），而并非全体队员同时到达。随队志愿者强调，规则已在活动手册中写明了，请他们仔细研究。此时，连长略作沉吟，简短有力地做出决定：我们分成两组，第一组快组，负责指引方向，并率先赶到渡河点完成搭桥任务，由副连长和一名能比较熟练地使用GPS的队员带队；第二组慢组，由连长本人带领，目标就是尽快前进，务必保证赶在大部队到达之前抵达渡河点——按照活动规则，只要兄弟连能在大部队到达渡河点之前完成简易桥搭建，并在桥边竖立红旗地标，就算完成任务。

安全起见，出发前连长明确要求两组人员不能相距太远，只要前队快要离开后队的视线，连长就会通过对讲机呼叫，让前队停留休息，等待后队，后队则尽量减少休息的次数，避免落下太长距离。这种行进方式的效率显然比前半程有所提升，最终，前队及时到达渡河点开始搭桥，而后队并没有落后太多，及时赶到了渡河点，在河边的高地竖起了指明方向的红旗。

兄弟连圆满地完成了任务。

这位连长叫董昊程（戈友ID：01080C02），2011年之前就读于北京师范大学附属实验中学竞赛班，2011年完成高一的学业后，赴美国读高中，目前是伍德贝瑞森林中学12年级的学生。2013年刚刚以笔名"昊燃"出版了新书《我在美国读高中》。

昊程是一位执着追求飞天的寻梦者，他的目标是考取世界顶尖的理工科学府。

我的戈壁成人礼

卢山 戈友 ID: 03655C06

　　第三天，我被选为兄弟连成员之一，我们一共八个队员，要比其他队员提早出发一个小时，去完成兄弟连的任务。天还未亮，我们就带着大家的祝愿，借着头灯和闪光别针的亮光直奔出发点。到了出发点，大家都戴上了"兄弟连"的袖标，此时景色很美，太阳刚升出地平线，而月亮仍高高挂在天边，这就是所谓的"日月同辉"吧！我们在盐碱地中快速穿梭，边走边插旗子，给后方大部队指路。我边观赏着美丽的日出，边跟着轮胎印走着，这段时间我只想着一件事：完成所有任务！在后方部队还未到来时！就是这个信念，让我一鼓作气走到了渡河点。

儿子的决定

周逸杰（儿子）　戈友 ID：01941C03

戈壁行走4天，直线距离78公里，对于老戈友来说，可能不算什么，对于新戈友，还是充满刺激与挑战的，特别是对于儿子，挑战更大。

周逸杰，13岁，165厘米的身高，165斤的体重，一路走下来肯定要付出更多。但我们相信他能走下来，除非出现两种情况：晒晕了，抬上车；脚崴了，扶上车。否则不会轻言放弃。如我们所愿，他走下来了，尽管行走中出了些状况，正如我们在出发前写给孩子的信中所预想到的：是你用浓墨泼洒的第一座里程碑。虽然有些悲壮！

前两天，虽然也曾发烧，虽然也曾犹豫，但他坚持走下来了，第二天在志愿者朱穆乙带领下还率先到达了营地。

第三天，他又主动报名参加了"兄弟连"，晨曦中出发，冲锋在前面，为大部队搭建补给站。我们为他的自信自豪，但也为他的体能担心。

当我们家长组中午抵达补给站时，他满脸通红，也不吃瓜，就这样呆呆地坐在大帐下，看到我们就说了两句话，第一句：我完成了兄弟连的任务。第二句：我要上车。随后走出补给站上了收容车。他坚持完成了作为兄弟连的一员所担负的职责，同时一上午的冲锋也彻底把他拉垮了，我和妈妈先后上收容车试图说服他，鼓励他坚持走下去，仍无法说动他。我也在纠结，儿子是有中暑症状，但不是还没晕么，"宁可就西而死，岂能归东而生"，玄奘精神何在？难道就这样放弃了？但是无论怎样，他必须要为自己的决定负责。我再次上车对儿子说了最后一句："你做决定，放弃也是一种勇气。"回身下车，等待他的决定。

这时，他的2组队友赶到了，领队李佳让队员们去叫周逸杰一起走，副队长刘昊旻问："他不走怎么办？"李佳答道："他不走你们不许走！"于是，2组全体队员围着车，扒着车窗一起高喊："周逸杰，下车！周逸杰，下车！"在伙伴们的持续的鼓励下，那熟悉的身影蹒跚着走下了车，融入了伙伴们的队

伍，继续向前跨出了沉重而坚实的一步！

儿子，我为你的决定骄傲！

下午，戈壁的行程更加漫长，周逸杰尽管有领队邱磊照顾，仍远远落在后面。当我最终超过他们到达营地时，映入我眼中的一幕至今令我不能忘怀：离营地凯旋门还有几十米远的地方，2组队员围着队旗席地而坐，头顶着炎炎烈日，拒绝了前方几十米沁人心脾的瓜香诱惑，就这样静静地等待，等待了一个半小时，等待着掉队的队友归队……

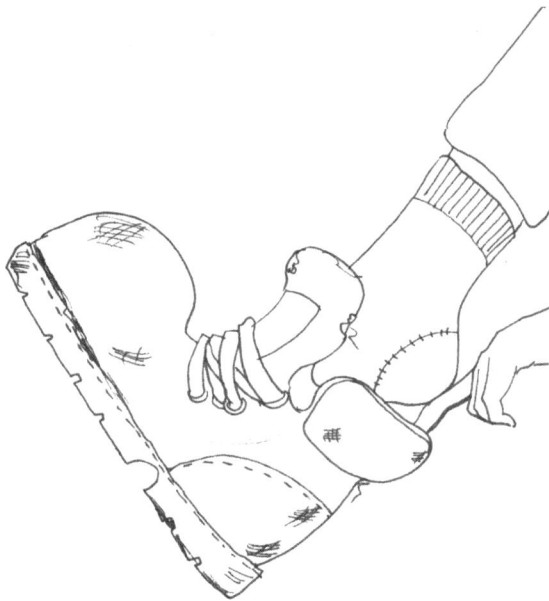

关键词三：领导力

无论在学校、职场还是家中，总会有那么一个人，需要站在比别人更高的角度去思考，主动承担风险和责任。这个人也许不是最睿智的，也许不是最有能力的，但是他选择承担。

根据成人礼领队的观察，在性格特质上，多数成功的队长都表现出那著名的四个字："刚、毅、木、讷"，也就是"坚强、果决、质朴、慎言"，也许这就是在青少年身上表现出的领导力的潜质吧。

竞选队长，是每一届成人礼集结日的重要环节，通常也是观察这个团队中每一个孩子的领导力的起点。每届戈壁成人礼会将孩子们根据年龄分为三组，因此会有三个队长产生。孩子们往往会自发地选出"副队长"或"指导员"。四天的徒步过程中，并没有规定是否需要进行队长改选，但孩子们有时会根据本队行进的情况和队长的表现自发地进行队长改选。此外，D2和D3，有时会根据路线情况组建"兄弟连"，兄弟连需要在大部队出发前提前出发，为全队完成渡河搭桥等任务。兄弟连也会在出发时选举自己的连长，如果原先某一个队的队长加入了兄弟连，则其原来的队伍也会选举临时队长。这些"人事更替"，都是观察孩子们领导力的重要环节。

孩子们是否愿意担任队长？调查中我们发现，有相当多的孩子对是否愿意参加队长竞选"态度模糊"——"无所谓，他们选我我就当"。

这个答案，既不意味着确认我"有能力、并且有意愿"担任队长，也不意味着我"无意于"担任队长，可以说是一种"暧昧"的表态。那么这种"暧昧态度"的背后是什么呢？是对自我能力和意愿认识不清？是尝试通过其他人的选择来进行自我证明？还是对队长这个"官职"在价值观上有一种模糊不清的认识？如果在不同的文化背景中对比，这个问题的答案是否会有所不同？

在接下来的分析中，我们将选择这个选项比例最低的第五届作为突破口。

这一届的队员主要是参与过玄奘之路戈壁徒步活动的老戈友，或者是他们的朋友及其家人，或许正是父母或父母朋友分享的"间接经验"，令孩子们更倾向于担任队长，而较少有模糊态度。

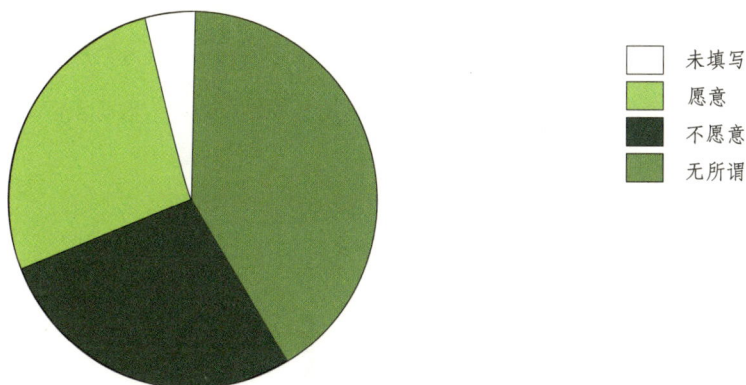

图例：
- 未填写
- 愿意
- 不愿意
- 无所谓

第四届戈壁成人礼中孩子们对竞选队长的态度

第五至八届戈壁成人礼中孩子们对竞选队长的态度

	第5届	第6届	第7届	第8届
愿意	63.5%	39.0%	39.0%	28.4%
不愿意	24.0%	33.9%	30.5%	22.4%
无所谓	7.5%	25.4%	27.1%	43.2%
未填写	5.0%	1.7%	3.4%	6.0%

另外，我们尝试引入"速度"（由第一天的实际完成时间得出）作为孩子们能力的一个表现，试图观察什么样的孩子最可能对竞选队长持模糊态度，得出的结果却说明了更多的问题。请注意，由于问卷上这道是否愿意竞选队长的题目是在D0这一天询问的，因此孩子们答题时的情绪并不受第一天实际成绩的影响。

我们发现，实际徒步实力最强的孩子（第一天家庭徒步中速度最快的）最有竞选队长的意愿，而速度最慢的孩子，这一项几乎都没有填写。令人深思的是，"第二梯队"的孩子往往是最不愿意当队长的。速度再慢一些的孩子对当队长反而持"无所谓"的态度，如果被人选出，很乐意就任。我们又用预期速度（第一天的预期完成时间）作为标尺做了相同的分析，结果基本一致。

这和我们在上面讨论的团队感问题的结果是一致的，因此我们认为可以考虑用上面提到的假说来给出一种分析：

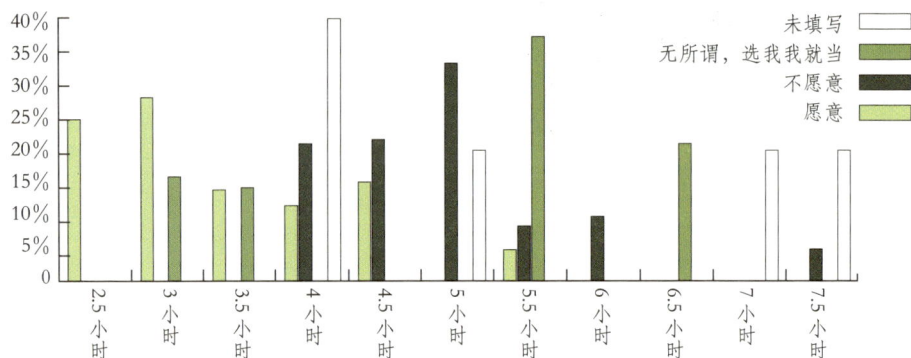

第六、八届戈壁徒步中对于竞选队长有不同意愿的孩子的用时分布

对于"第二梯队"的人来说，他们不愿意竞选队长有两种可能。第一，他们本身具有不弱的实力，对于成绩也有更高的期待，当他们觉得团队对自身并没有太多积极作用的时候，或许并不愿意付出更多的精力去照顾队友和带领队伍。第二，领队们的"无追求"说也同样适用，由于他们对于自己没有太多要求，也就不会对队长的"权力"有所期冀，抱有一种"淡泊名利"的态度。对于这两种完全相反的观点，我们还期待着更多的数据和研究，才能给出进一步的结论。

而对于再慢一些的孩子，或许正是由于他们自身的实力不那么强，因而对竞选队长并没有那么强的自信，但也没有"第二梯队"的心理困境（或者也可能是一种境界），内心仍然很希望为团队做出贡献，所以才对是否竞选队长持模糊态度。

另外，根据我们的观察，在竞选队长的问题上是否表现得积极、活跃与最终能否成为深孚众望的队长并没有明显的关系。也就是说，在调查问卷中，获得队员最高评价并当选队长的人，往往不是在竞选中表现最活跃的，甚至有可能是最沉默的那一个。

前面提到的"兄弟连"连长，就是一个很好的例子。

第四届戈壁成人礼二队的队长也同样沉默寡言，但多了另外一个特点：由于这个队伍并非"兄弟连"，队员们赶路并急于完成任务的心态并不迫切，再加上队伍中有几个很活泼外向的队员，在路上常常拿队长"开涮"，用各种各样的方式来取笑队长，甚至"骂"队长，但队长始终笑脸相迎，没有任何不快，还常常帮年纪小身体弱的队员背背包，因此这支队伍一路上始终欢声笑语。这一点让领队、志愿者和小队员们印象深刻。

因此，后来我们整理问卷的时候，在回答"你对哪一位伙伴印象最深，为什么？"这个问题时，他们小队大部分队员都选了这位队长。原因主要包括：

● 队长一直跑前跑后组织队伍。

● 队长还是一如既往地负责、照顾我们。

● 队长的心理承受能力特别强。

● 队长是我们的精神支柱。

● 喷队长我们就有了前进的动力。

● 队长领导力很强，是一个好队长。

● 队长太能挨骂了。

● 队长和我沟通最多。

在活动结束后的成人仪式上，当被问到"明年还来不来走戈壁"时，二队的队员们认真且坚定地回答道："队长来，我们就来。"

还有这样一个故事，来自一位由于队长被选入兄弟连而临时上岗的"临时队长"，也就是之前周逸杰故事中的二队队长。

在离终点还有几十米的地方，他让所有队员坐下等待落后的队友，坚持要一起冲线。在休息站享受阴凉的家长们，看着近在咫尺的孩子在烈日下等待，纷纷跑来送西瓜，但队长拒绝了，坚决要等待队友到来再一起享用。家长们心疼孩子，不停埋怨这位队长的"独断专行"："要是中暑了怎么办？"队长并不解释，只是从背包里拿出藿香正气，让队友们服用。最终，整个团队成功地一起冲线，而家长们也被孩子们的团结和坚持所感动。

令人意外的是，最后在成人仪式的分享环节中，这位"临时队长"在台上为此郑重地向所有家长道歉，态度仍然不卑不亢。

通过以上的观察案例和队员们的评价，我们大致能勾勒出戈壁成人礼活动中一个成功队长的画像——

首先，他目标明确、坚定、不动摇，这一点是成人礼活动带来的，活动已经给了他一个不可动摇的目标，他既然选择了当队长，就要有比别人更坚定的信心去完成这个目标。对自己的目标毫不怀疑——无论其动力或压力来自于内部还是外部，这一点是领导力的基础。

其次，他需要以身作则，始终走在队伍的前面——当队尾压力最大的时候，他也同样会走在队伍的后面。并且，他要前前后后地照顾整个队伍。

最后，他的性格特点是近于"刚、毅、木、讷"的，也就是坚强、果决、质朴、慎言。

一个队长的一天

瞿骜 戈友 ID：01957C03

伴着旭日东升，我睁开了惺忪的睡眼，缓缓地拉开睡袋的拉链，爬出了帐篷，我的心仍然沉浸在昨日的喜悦中，因为我昨天到达终点时发现自己是第四名。这时，我猛一看表，哎呀！糟了糟了惨了惨了完了完了！都快要6点了，昨天说了5点半醒的，况且我还是队长呢，怎么能起这么晚呢。

我赶紧把还沉浸在美梦中的老爸和墨墨叫醒，吃过早餐，收好帐篷，整好队，升完旗，我就带领一队出发了，因为今天的主题是"我们自己走"，所以不能再跟在家长的身边了，全程都要靠队员们互相帮助、齐心协力。可是刚走了两公里，我这个队长就已经忙得气喘吁吁了，后面的人昨天晚上发烧了，跟不上大家的速度，前面的人又一心想当第一，走得很快，没有办法，后面发烧的人实在是走不动了，只好让他上"收尸车"（孩子们对收容车的笑谈）了。

这回速度终于统一了。我们高喊着口号："身轻如燕，超越极限！"在烈日下走过茫茫的戈壁，于狂风中穿越起伏的丘陵，带着理想和信念在戈壁滩上一步一步走出了坚持，刻下了成长的脚印。

不过，走了一会儿之后，令我担心的事情又发生了，我们队的有些队员还是缺乏团队精神，前面的两个人忍受不了大部队的速度，自己先走了。作为队长，我赶紧追上前去，叫他们停下来，经过大家三番五次的劝说，他们也终于回心转意了。就这样，我们一队终于团结一致走到了终点。

"刀锋"上的亲子关系
另 一 种 相 处 和 支 持 模 式

爸爸带我来戈壁确实有一点连哄带骗，但是有一天我突然发现自己有了目标，有了梦想，为了实现这个梦想我必须来挑战自己。我想用戈壁徒步这样的旅程教会自己如何面对困难、如何带领团队。

——三队队长亚浩然（戈友 ID：02131C04）

现在，我可以陪着你走，在未来的路上只有你自己走。当你面对困难的时候，当你想放弃的时候，你只能坚强地走下去。在看见别人追上来时，你只有超越，才能超越自己。

——第四届戈壁挑战赛人大商学院 A 队队长、亚浩然父亲亚锋（戈友 ID：00752G04）

我到底该不该鼓励孩子去做队长？如果他真的不想和团队一起，而希望自己先飞奔回营地，我该怎么办？如果他真的坚持不下来半途放弃，我又该指责还是陪伴？我究竟该希望孩子拥有一个快乐的人生还是希望孩子拥有有成就的人生？

——一个困惑的母亲

亲爱的依岚：爸爸妈妈会永远爱你、相信你、支持你。但是，人生的路很长，每个人都只能用自己的双脚来丈量，别无依靠。爸爸妈妈想说的是，无论你将要走在哪个行列的什么位置——前面、中间、最后——都不重要。重要的是，你要相信自己，相信这个世界有爱、有幸福、有成功。有时候它们会像戈壁上无比温馨的营地，看起来很近，实际上很远，或者总也看不见，直到历尽艰辛的最后一刻。但它们确实在，你要相信，并坚定不移地追寻，而且，永不停下追寻的脚步。

——刘晖（戈友ID：01169G06）、尹杰（戈友ID：02067C04）

我带着儿子从戈壁回来后，第二天一切照常，不许睡懒觉。因为新的一天开始了。人生的戈壁目标，是自己设定的。没有人给你准备装备，走到终点站的时候也没有人给你敲锣打鼓。"生命是一场独自远行"，第一要"独自"，第二要"远行"，另外还要将戈壁行走坚强的意志运用到自己的日常生活当中去。

——张志学（戈友ID：06034C08）

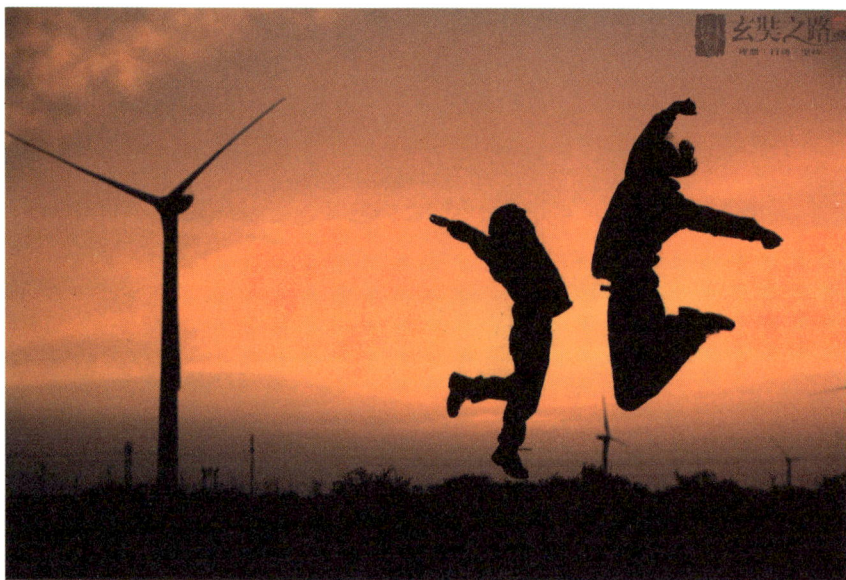

戈壁成人礼，并不仅仅是孩子们的成人礼。

其实，面对陌生而严酷的环境，许多父母并不比孩子们拥有更大的体能优势，也不再具有不可动摇的威严。对于能否坚持走完全程，父母们对自己甚至有着比对孩子更大的怀疑。这也给了家长一个理解孩子、反思自身，并用正向价值观引导孩子、与孩子共同成长的机会。

有的妈妈本没打算走路，被儿子激励，竟穿着皮鞋一天一天地坚持下来了；有的爸爸在之前的行动中因为受伤已经放弃过两次，然而当儿子出现在身边时，也就不觉得痛了；很多时候，爸爸已经追不上长大了的儿子，却仍然目光相随，陪伴坚持……

更多的父母走过戈壁之后变了，他们懂得欣赏孩子，懂得鼓励孩子，甚至偶尔开始依靠孩子。是啊！孩子本来就不是成人的附属品，他们有独立的生命、自由的心，他们是上天借我们送给人类的礼物，我们所能做的，只是成全他们。而活好自己，是给孩子最好的教育！

一位家长说："我带孩子来经历这段旅程，是期望能给孩子留下些什么。意外的是最后却是孩子让我深深地感动。打倒一个人的，不是体能，而是心中的怯意；最让人感动的，不是赢者，而是最弱者绝无他想的挣扎前行——你的能量超乎你想象。"

绝大多数孩子表示，他们愿意和自己的父母一起参加戈壁成人礼——毕竟，父母已经来了。但是如果他们可以选择，他们会更愿意和自己的亲密伙伴一起参加戈壁成人礼，这种倾向性在各届成人礼的调查（包括行前和行后）中都比较一致。

值得注意的是，徒步开始前有10%的孩子倾向于"和自己"一起参加成人礼，也就是独自参加，而在徒步结束后这个比例几乎降低了一半——只有5.3%的孩子愿意享受这种孤独了。

不过，徒步结束后表示愿意和父母一起来的孩子略多了一些，而且，这部分孩子显然更愿意和妈妈一起来。领队调查也证实了这一点——爸爸们虽然能起到更多的引导和支持作用，但在行前准备和活动中对孩子的关心照料上，却不如细心的妈妈们让孩子心里温暖。

当然，"管太多"的妈妈，自己也在反思：

第七届楚阳的妈妈这样回忆："到戈壁里的时候，所有队友都在跟我说，你管儿子管得太多了，那时我觉得很委屈，我觉得我管他是为他好。那个大雨之夜我把儿子气哭了。后来我一直在反思，反思到最后我一直觉得，是不是我做得很差劲、做得很不到位，很多时候我都做得不好，而孩子心里对我也有很多不满意的地方？结果，在最后总结会的时候，我儿子对我道出的居然是很感谢的话，对我的评价居然是说，我妈妈是个女强人，一个人带我来到戈壁。他给了我很大的认可，这是出乎我意料的。实际上，你所做的努力孩子都是看在眼里、记在心里的，孩子们天性都纯洁善良，没有这次戈壁徒步活动，没有这样一种经历，你或许永远无法真正地走进孩子的心灵，让他的心和你的心靠得那么近，那么坦诚，那么赤诚相见。"

那么，理智的爸爸们和孩子一路走来又有怎样的体会与感动呢？让我们一起来看一看。

谭父手记

谭垒　戈友 ID：00814C01

十月二日

…………

我抬头看看前面的人，大概差五百米，再回头看后面离我们最近的大约有一千米，前面只有六个人，后面就有三十多了。还是要向前走，有好路，更有坏路。不管你有多快，都有人在前面。生活也是这样！我能带谭丁一走的时候就带他走，能陪谭丁一走的时候就陪他走，陪不动的时候还得靠他自己，以后的路更多的是他自己走，我相信他能走好。这时他已走了六个多小时。

我吃了一块牛肉干，看看四周的戈壁滩和远处的祁连山，拉着谭丁一的手，一如既往地向前走。谭丁一已不再抱怨了，可能是接受了挑战，度过心理难受期了。离今晚的营地大约还有九公里，我很高兴！

…………

离营地还有一公里，刚走过的几公里他是哭着走的，我一直在出冷汗，简直在流个不停。

挨到营地，感慨颇深。我们在人生路上，所要面对的更多的是困难，是选择，是面对诱惑的内心挣扎。能否战胜自己，超越自己，达到精神的升华？需要一次次磨炼！

现在天上仅有月亮和一颗星星。心很净，没有网络，没有电视，除了电话和一个灵魂。

十月三日

十点五十，谭丁一又想发火，走了十二公里多，有人开始超过我们。刚才问路的时候多走了一公里弯路。我不理他，走在他前面五十米，让他一个人克服困难，相信他能战胜自己，我在等他挣脱这个心理困境，让他一个人走！看到他拖着沉重的脚步，就像有千斤重般，我的心很痛，我开始怀疑是否该带他来徒步，这样心狠对吗？如果他能一辈子都不用吃苦，能开开心心地生活，我想我不会这样折磨他还有自己。可我担心他未来总是要面对各种各样的困难的，到那个时候我希望他不要惧怕，且能轻松面对，战而胜之。我停下来回头看看他，他一直前行着，在太阳下。又赶上来的队员和我打招呼，然后匆匆忙忙继续前行。谭丁一一个人坐下来喝水，看我过来就说烦死了，还问我："不是说不要太强求自己吗？"我突然语塞。

我开始继续向前走，他也起来出发了，他有情绪，不让我牵他，我们离得越来越远，我决定让他一个人走一段，我在前面等他。走了很久，回头看他，一个人孤独地蹒跚着，我心里不知是什么滋味。难道这就是生活吗？再回头时，没有看到儿子，看到了救援车。我第一个想法是，他上车了？臭儿子！我挥手把车招过来，准备叫他下来。等车停下来，看到他不在车上，顿感欣慰。回头再看时，他慢慢地走过来了。

我决定不赶路了，慢慢享受徒步的辛苦。我对着太阳坐下来，脱掉鞋子，吃枣、西红柿和黄瓜。儿子开始问我还有多少公里，之前吃水果时他都不理我。

又开始出发了，这回他走在前面，我跟上来时他拉我的手了，父子又一起同行。我再一次为他感到骄傲，他迈过了他最难过的槛，前方的路已不在话下，前进！

············

现在是下午一点，路况复杂，放眼是望不到边的盐碱地，还有茂盛的骆驼刺，比刚才的戈壁滩难走多了，可他却走得很带劲，说这路走得有意思多了。我的脚开始疼了，但不能告诉他，再疼都不能说。感觉营地还有好远，手机也没信号。我手里还拿着个空瓶子，不能乱丢，我和他从没这样环保过。再往前看，一个人也看不到，可能他们都进山了。谭丁一又开始想发火，说浑身没劲、发软，都想哭了。我的心又一阵阵发酸，这是他又一个很难受的阶段，因为他觉得真的还有好远。但他还在前行，虽然脚很疼。

············

我们又一次出发了，我定了二十五公里后休息。然后走过一段不说话的路。一路走来，披荆斩棘，被沼泽地弄湿了鞋，停下来简单清理后继续前进。终于进山了，还有六公里的样子，他开始唱歌了。我也一下就放心了，这证明他没问题！好样的！我爱他！

…………

最后六公里盘山路走下来至少有十公里，他嘴唇干裂，甚至流了血，有些烦躁。看到他想哭，我心里又难受了，可怜天下父母心。他说好冷，小便是黄的，我有些担心他病了。

晚上七点半，他开始流泪了，说真的走不动。今天是中秋节，真苦了孩子。

晚上九点九分，我们终于回到了营地，累得动弹不得。吃饭，扎好帐篷，他进来不到五分钟就进入了梦乡。我把今天的祝福短信回了，没来得及把祝福再送给其他朋友。真的疼到极限了，连去厕所都动不了。

十月四日

下午四点半，我回到营地，他还在走，比我厉害。

我在营地等儿子回来。看到儿子一个人孤独地走回来，童子军中的第四个，

我赶紧迎上去抱他，好样的！他告诉我身体很好，就是嘴唇干裂得厉害，看起来好吓人。我带他去医务室看，喝了口服液，吃了点药。他心情很好，我因他自豪！风好大，应该不下六级，帐篷好难搭，不过我已经搭好了。大家都很友善，好像一个大家庭，团结友爱得很。耳朵里飘来歌声：你无路可走，可你无法选择！很有激情，给人动力。享受这份感觉吧，我眯起眼开始享受这些！

十月五日

出发时，他要我陪他走一段，我应了。拖着迈不动的腿走了几百米，冷，疼，发抖，顶着风在月光下前进。终究疼痛难忍至必须坐车，我上车了。丁一也上车了，分乘两辆车。开了几百米后，我在对讲机中告诉谭丁一下车走。（编者：丁一听到后很懂事地下车了，父哽咽。此情此景催下无数过路人、旁听者的泪。）

七点四十太阳跳出来了，突然间我的心情变得很好，他在徒步，他又走了十七公里！我不想让他走了，太阳炙烤下他的嘴唇已干得吓人，我觉得此次来的目的已经超水平达到了，可以考虑少走一些，只需要最后再让他走一段路到营地，完美结束这四天的徒步之旅。

现在离营地还有五公里，然后坐车去敦煌山庄，终于可以洗澡刷牙了，晚上再大吃一顿，明天还有时间看看石窟。他在救援车上睡着了，很甜，尽管今天还有一段路没走，我也心满意足了。就是可怜他的嘴唇，疼得很，不能笑，不能大声说话，吃东西都很困难，早上就喝了一点稀饭。

看到其他队员一个个走过去，我为他们高兴。

"就是因为她愿意相信我，我愿意担当她"

"玄奘之路"活动发起人　曲向东　戈友 ID：00000T01

2007年，我和妻子带着女儿走戈壁，同行的还有戈友老卫——第一届玄奘之路商学院挑战赛复旦队的牛五，他们队因为平均体重200斤而被称为"牛之队"——和他的儿子小卫。这是头两个走上戈壁的孩子，小卫11岁，我家的"真理小姐"10岁。

我们混在几个企业团队里走的，也有四十多人吧，都是人高马大的成人，并且互不服气地进行着比赛，两个孩子和他们的父母当然每天都是走在最后面。我们并没有觉得这有什么不对，毕竟都是孩子么。可是第三天晚上，"真理小姐"明显有些沮丧："我不想总当最后一个……"我不想让女儿带着挫败感走完戈壁，于是说："明天我带你走，我们早点走，一定不当最后一个。"看着逞强的爸爸，女儿充满了希望。

第四天早上我就忘了这个承诺。作为组织者，我总要等整个营地的队伍都出发后才出发，所以当我回过头来准备上路时，失望已经明显地写在女儿脸上了。

"我每天都在中间出发，就是不想落在最后，可是每天仍然都是最后一个，现在和你最后出发，怎么可能不是最后一个呢？"

我决定今天无论如何不让女儿做最后一名！我一边收拾东西一边对她说："女儿，走路不怕慢，就怕站，只要我们途中尽量不休息，我们就一定能赶上去！"

于是我拉着她的手，开始追赶的旅程。剩下的七八个小时，每一个亲身体验过戈壁的爸爸妈妈都会知道是怎么度过的。首先追上小卫，他和爸爸找地方方便，结果方便了我们。超过他们之后，女儿几乎是一步一回头，就看他们是不是在休息。结果将近两个小时之后他们才休息，我又对女儿说："现在我们加油走，距离越来越远，他们就追不上了！"

路上遇到了越来越多休息的大人，我们还是不休息，后来就看着表，每一个小时就休息五分钟。我先是拉着女儿的手，后来太累了，女儿在后面拽着我的登山杖，让我拉着走。那天也巧，我专门配的一副近视墨镜，此时突然镜片掉了，这让我在明晃晃的阳光中更加看不清道路，结果说不清是我带着女儿走，还是女儿拉着我走。

疲惫中我们走得越来越沉默。女儿突然问我，爸爸，咱们到底为什么要走路？我一时无语，只好对她说，你就这样想吧：我们给自己确定了一个目标，然后我们一定要实现它。

女儿当时没说什么，只是沉默。但这句话对我未来的道路产生了很大的影响。生活不就是这样么？其实生命的开始并不是我们自己的选择，我们每一个人都是很无辜地来到这个世界上的，生命的意义、生活的意义，其实都是我们自己赋予的。这不是和我们这次行走一样么？

最终，我们不仅没有成为最后一名，甚至在队伍的中间偏前到达了终点。女儿很满意，我也很满意。晚上大家在一起吃晚餐，我望着对面的女儿，感慨了一句："今天我走下来，完全是因为我女儿。"疲惫的女儿在对面正埋头吃饭，此时突然似乎很随意地回了一句："其实我走下来，也完全是因为爸爸。"

我突然觉得心里有一面墙"哗"地倒了。女儿从小学起就一直寄宿，我则一直很忙，和她交流也很少，所以总是觉得似乎有一面墙横在我们中间，让我们的心无法贴在一起。此时这面墙突然消失了，没有任何征兆地消失了，就是因为我们同甘共苦地完成了一段艰难的旅程，就是因为她愿意相信我，我愿意担当她。

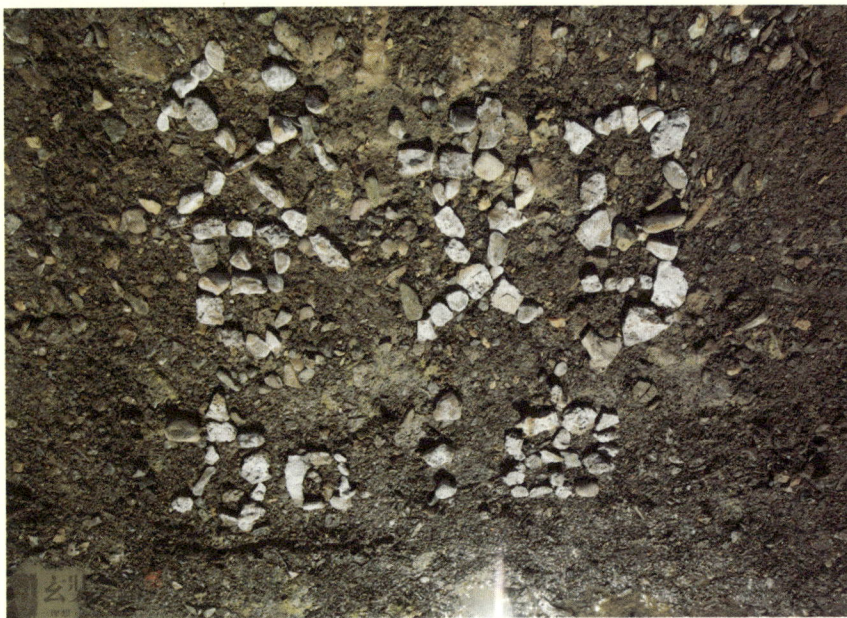

为他撑起一片天

第二天、第三天的分组行走不仅是对孩子们的考验，更是对父母的考验。在孩子眼中，父母能否顺利完成这个挑战？他们又对父母有着什么样的期待呢？

针对希望父母徒步走完全程的原因，我们把孩子们的答案做了归类，统计了相关频次。这些原因主要包括：

- 要走完，以捍卫我们一家的荣誉。
- 他当然行，我相信他能完成。
- 希望成人礼成功，和爸爸一起冲线。
- 父母是我的榜样，因为有他们我才有勇气向前冲。
- 要坚持走完，我们约定好的。
- 他体能好，比我们强壮，一定能够走完。
- 他是老戈友，经验丰富，这是小意思。
- 这是她一辈子中一次特别的人生体验。
- 走完能够锻炼身体、增强耐力。

其中，亲子关系无疑是最主要的原因。但另外两种答案也同样值得关注——有 34 人是通过自身的理性判断得出的结论，有 20 人是基于父母的利益进行考虑的，比例也并不低。

我们也惊喜地发现，在问卷中选择"希望父母走完全程"的孩子，他们父母的完成率果然更高一些。

孩子们又是如何接受没有走完的家长的呢？

- 妈妈不舒服，可以不用走了。
- 我爸小腿受伤了。

- 她肌肉拉伤了，还是不要走了，看着我走就好。

- 他那么累了，休息一下也好。

- 能走完当然好，走不完也没有关系。

这是孩子们对父母的体谅与理解。

在此，我们很想与大家分享第四届的两对父子和父女的故事：

老吴在跑上一个防洪渠时用力过度，小腿有点拉伤，每迈一步都牵扯着疼痛，渐渐地与成人的团队拉开了一段距离，为了不影响其他队友的速度，他忍着疼痛一步一步地往前挪，嘴里还不停埋怨自己刚才过于莽撞以致拉伤了，后面的路不知道要怎么走，这时对讲机里传出成人组3队队长的呼叫："老吴，老吴，你的腿如何了？"还未等老吴回答，又传出一个女孩的声音："请问老吴怎么了？"原来老吴的女儿听说后非常担心爸爸。老吴听到女儿的声音，回答道："放心吧，老爸没事。""老爸加油啊！"听到女儿的鼓励，老吴心里无比激动，昨天跟女儿一起走时，女儿还不太愿意爸爸跟在身边，今天女儿一句问候的话在寒风中给了老吴无比强大的力量，老吴说，为了女儿一定要坚持到终点。就这样，父亲在途中收到女儿一次次的问候、鼓励，忍着伤痛走到了终点。女儿此时已经开始为父亲搭建帐篷、搬运行李了，当父亲看到这个场景时，心里暖融融的，任何疼痛都忘却了。

王仲辉（戈友ID：02096C04）和王炫量（戈友ID：02095C04）父子都是第一次来到戈壁。因为经验不足，王炫量在第一天的徒步中负重过多，完全是靠着父亲的搀扶才走下来的。第二天晚上，父亲的手指因为意外受了伤，儿子对父亲说："爸爸，你明天休息吧，我替你走完。"在后面的两天里，他实现了自己对父亲的诺言，疾步前行，一直紧紧跟随着队伍的步伐。

因为我们在一起

　　在成长的过程中，孩子也有软弱和犯错的权利。有些时候我们太追求正确，太害怕错误，而忘记了成长本身就是带着无知、带着蒙昧与好奇、带着对和错一起到来的。如果你今天不允许你的孩子软弱，也许未来，那就会变成脆弱和懦弱。

——程雯（戈友 ID：00119G01）

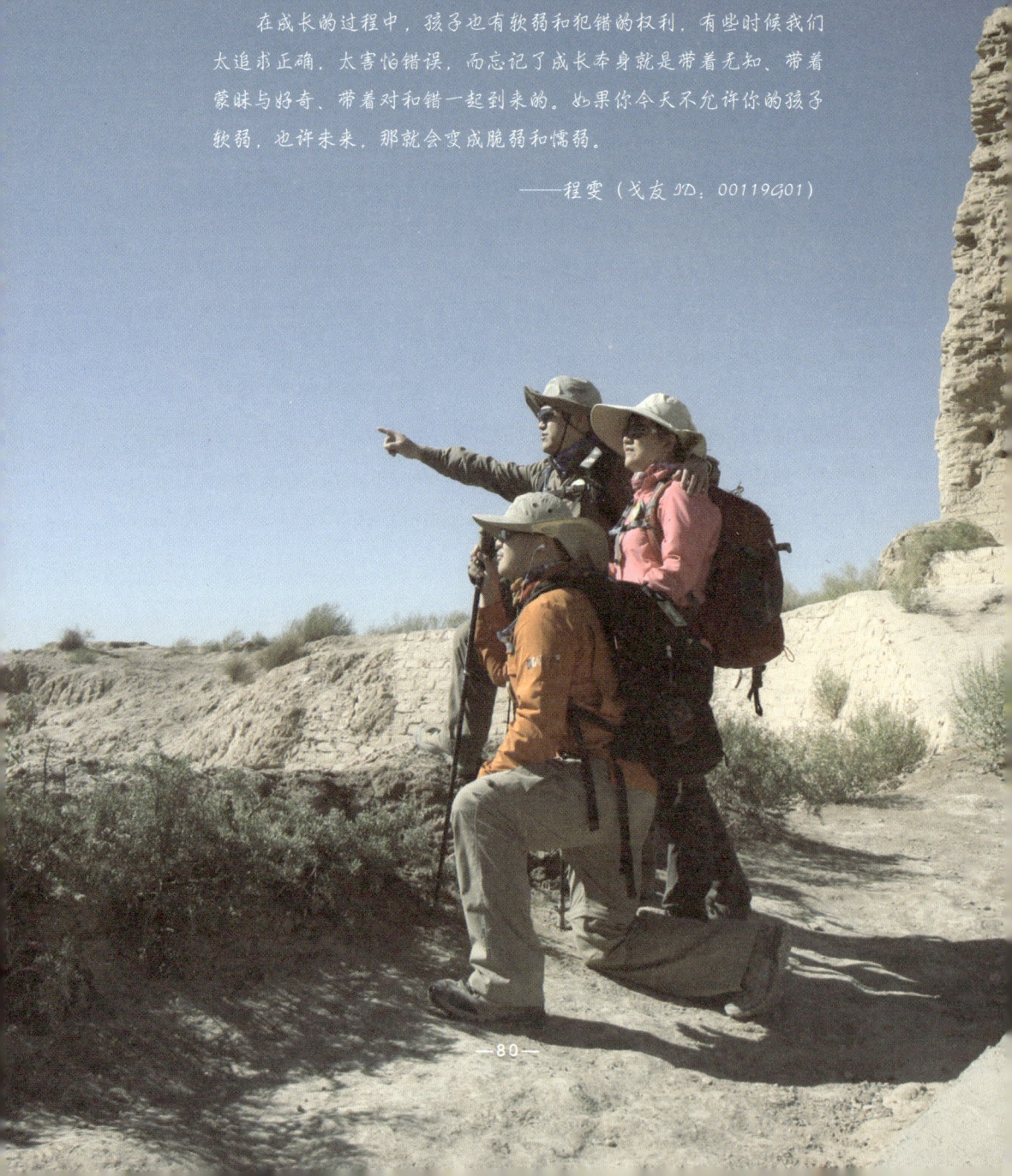

当父母不再是权威时，比放弃更大的挑战是如何和孩子一起面对放弃。

在我们的调查中有这样一个问题——"监护人是否带给了你力量？"，答案并非都是肯定的。想必各位家长会和我们一样吃惊于这个接近25%的选择"否"的比例。究竟发生了什么事情，会让孩子们有这样的感觉呢？

我们观察到的一些故事也许能对此给出一点解释：有一位挑战赛队员，顶着来自老父亲的各种压力，撇开顾虑，为孩子报名参加了戈壁成人礼。这位对孩子照顾得无微不至的单亲爸爸，早在进戈壁前就为儿子安排了全副武装的徒步训练。在戈壁上，孩子报名参加了兄弟连，完成任务后，领队要求他们走慢一点等等后面年龄小的孩子，但走得快的孩子们并不愿意，因为他们觉得，第一个出发，也一定要第一个到达终点，因此拼命赶路。这位家长则一心想着要提早到达给儿子搭好帐篷，因此奋勇当先超过了儿子。而被超过的孩子，却一下失去了兴致。

或许，父母自以为的"爱的方式"与孩子们需要的方式并不一致，就是这个问题的答案。

第三届成人礼的第二天，一个10岁的小队员因为鞋子不合适，脚非常痛，渐渐落在了队伍的后面，我们的领队和志愿者陪着她。孩子越走越慢，按理性判断，孩子应该放弃了。但按照成人礼的规则，领队不能替孩子做出放弃的决定，必须由孩子的家长或者孩子本人自己决定退出方可。当时用对讲机呼叫不到孩子的家长，他们的手机也关机了，因此领队征求孩子自己的意见，是坚持还是放弃。孩子一直沉默，没有表态，但是走得更慢了。

领队试图引导孩子理性思考做个选择，对她说，你必须做出一个决定，坚持还是放弃。如果选择坚持，你会很高兴地和小伙伴们一起到达终点，但你必须承受脚上的疼痛；如果选择放弃，你会马上轻松，不必承受疼痛，但你必须承担可能来自伙伴们目光的压力。这两个选择都有收益，也都要承担不同的压力（风险）。你怎样选择都可以，但选择正确与否，取决于你是否做好准备承受与这种选择相伴的压力。

听到这里，这个孩子突然放声大哭。领队意识到，这其实是孩子心中最纠结的地方。孩子们想获得任何一种收益，但没有心理准备去承担任何一种压力。这是不是孩子心态和成人心态的一个重要区别呢？（从这个意义上说，是否每一个成年人都真正具有了成熟的成年人心态呢？）

而我们更为关心的是，在类似的情况下，本身也承受着身体与心理双重压力的家长们会作何选择？父母不同的应对方式对孩子又有着怎样的影响？

有一位老戈友带着两个孩子（其中一个是孩子的朋友）来到戈壁。她自己孩子的膝盖有伤，也比较胖。而孩子的朋友自理能力又比较差，她要花很多时间来照顾孩子们，自己又刚做过手术，让本身好强的她压力比较大。后来孩子因伤上了救援车，她也一起上车了。在车行过程中，这位妈妈一直在和孩子强调"你上车了，所以妈妈陪你上车了"。孩子的朋友则顺利走完了全程。

还有一位小队员，年龄不大，第一天就掉队了，而爸爸误认为孩子走在前面，所以拼命往前赶，在对讲机中也呼叫不到。孩子的速度一直很慢，无论领队怎么建议都不愿意上车，也不愿意领队帮他背包。领队们心里有了一种隐隐的感觉，可能是平时家长对他要求比较严格，给了他很大压力，让他不敢自己做决定。到达营地后，他对心怀愧疚的爸爸大发脾气。不过第二天，他还是帮爸爸打了一份饭。

在第三天最漫长的路上，小腿到脚踝全部肿痛的他，走得更加艰难。孩子话不多，也没有抱怨，只是领队发现他速度越来越慢，还会忍不住深深地叹息。领队建议他放弃，乘车去营地，他就更加沉默了，领队当时无法呼叫到他的父亲，就边走边和他聊天，问他父亲会不会允许他放弃。孩子咬着嘴唇说，绝对不会允许的，他肯定会特别生气。在深深的忧虑和压力中又挪了几公里，孩子还是决定放弃了。可是，当他终于登上收容车的时候，却惊讶地发现，他的父亲早已经放弃了，就坐在收容车里。父亲看到他更加惊异，但却什么也没说，只是沉着脸。

最后一天，领队建议这个孩子先坐一段车，再继续徒步。孩子比父亲先到达终点，并没有等待父亲，自己上车回到敦煌。

我们再来看看前面那个 10 岁小女孩故事的后续：孩子还是没有做出选择，但领队不久就联系到了孩子的父母。孩子的父亲很快来到身边，同样对孩子说了这样一段（父亲和领队并未对此提前进行沟通）：父亲引导孩子说，你愿意选择放弃么？孩子静悄悄地点点头。父亲宽厚地对孩子说，没问题，爸爸和你在一起，帮你承担放弃的压力！这个孩子终于笑着上了收容车。剩下的两天，她以很好的状态走完了全程。应当说，在关键时刻，领队和父母从理性与情感两个方面给了这个孩子有力的支持。

面对艰难的选择，是传递压力、制造压力，还是分担压力？由于每个人的性格、所面对的具体情况都不尽相同，我们不想简单地评判这些做法的高下优劣，但希望读者们能够从中获得一些启发。

期玄奘之路戈壁成

发现孩子眼中的价值

自 我 与 生 命

孩子们的成长环境比起父辈们当年身处的环境已然发生了巨大的变化，未来的社会中，什么是成功，什么是失败？在孩子心中，什么重要，什么不重要？我们真的了解么？

也许，这一生中，父母真正需要为孩子做的，就是陪伴他，去发现他生命的价值。

> 走过戈壁才发现，原来疼痛能使我更加真实地知道我的存在。
>
> 妈妈，现在我知道了，原来生命中还有比爱情更重要的事。
>
> 有些选择，无关乎生命，但是比生命更重要。
>
> 人生就像走路，有上坡也有下坡……

以上这些感悟都出自四天的戈壁徒步之后孩子们在成人礼仪式上的发言。很难想象这些富有哲理的话语都是从十几岁的孩子口中道出的。

戈壁的环境空旷苍凉，行走的过程艰苦寂寞，所观察到的生态与平日里的完全不同。全身心的抽离和沉浸，带来了一种独特的体验和感悟。

在这一部分中我们摘选的大多是小队员们的文章，这些文字代表着他们在这独特的环境下收获独特的身心体验后的心灵成长。这些观察和思索的过程，同样也是探寻和建立健康的心智模式的重要过程。

人的心智潜能犹如一座漂浮在水面上的巨大冰山，能够被外界看到的行为表现或应对方式，只是露在水面上很小的一部分，而水面之下更大的山体则是长期隐藏并被我们忽略的"内在"。而在戈壁的四天，孩子们会自觉与不自觉地"深潜"，让头脑和心灵之间、自然与生命之间展开默契对话，让它们重新建立和谐关系。

　　揭开冰山的秘密，我们会看到生命中的渴望、期待、观点和感受，看到真正的自我。

永恒的追寻

四天或许很短，因为它只有九十六个小时，五千七百六十分钟……

四天也可以很长，因为你站在好像望不到边际的戈壁……

因为你和你的同伴在一起，因为你和你自己在一起。

眼睛的追寻

王颖菁（眼睛）戈友 ID：02092C04

10月2日，戈壁第一日

早晨从瓜州宾馆乘车到了出发地。巴士上一路望见城市渐远，土黄和深灰色的岩石沙砾渐渐占据了视线，晨光熹微，随后金红的朝阳从地平线的另一头跃出。

九点在塔尔寺附近集合，远远可见荒废的塔尔寺静立在黛蓝色的天幕中。携带充足的食物和水，于升旗仪式后开始今天的戈壁行走。

戈壁给我最深刻的印象，莫过于极大的昼夜温差、似乎是无休无止的风，以及单调的色彩。

早上出发的时候几乎冷得让人站不住，但行至中午，就有微微的汗沁出来。出发后起初是半沙漠半过戈壁的地貌，途中丛生着骆驼刺。一路经过锁阳城，就进入回环曲折的小雅丹地貌。尽管这是最消耗体力的一段路，我却也时不时地驻足览望这一片怪异嶙峋的地形。在这里，上帝以风为刻刀雕塑出一片大气苍凉的奇景，让人流连忘返，为这大自然的鬼斧神工啧啧称奇。

今天的行程是与家长一起的，预先分好的小队完全是七零八落。二队里有很多十二三岁的男孩，精力充沛地很快冲到了前面。我一直跟着队长，走在队伍中间，中途有几个二队和一队的孩子也加入了我们的小队伍。通过对讲机听着队员们对队长的打趣和调侃，一路上倒也欢笑连连。

在小雅丹我们简单地吃了午餐，然后一路行至补给站，稍作休整后进入了黑戈壁滩。

黑戈壁滩上的景色就更加单调了，脚下遍布的花纹精致的小石子也很快使我们失去了兴趣。

在这种单调的景色中，很容易就会感到倦怠。很快，走在前面的几个男孩也不再喋喋不休。起先一起走的几个队友则有人走得快了些，有人掉了队。队伍陷入了沉默，我的思绪也渐渐地飘远了。

其实我一直在思考，为什么要与父亲一起走这段路。很艰苦，很脏，很累，整个二队就只有我一个女孩。可是我还是来了，并不曾为此后悔。

在这段路上，我一直思考着为什么，我只是隐隐感觉到我需要一个答案。甚至对于条件和问题我都是模糊不清的。我想那并不是一个轻松的问题，也许是关于梦、关于远方、关于生死谜和手足情的。无论如何，我有一种奇妙的预感，那个在渺远时空中的答案，我会在这片土地上找到。

两个多小时的行走后，我和队长一行到达了营地。早到的二队队友纷纷走出来迎接。

明天我们就会开始没有家长参与的团队行程，对于我们这支总体来说精力旺盛却又体力差距很大的队伍，会怎样还不得而知。但是我想不管怎样，我们都会一直坚持到终点。

也许这些介于孩童和少年之间的孩子，还并未深刻地考虑过行走戈壁的意义，但当我问一个一队的、比我们还要小很多的女孩为什么她能忍着鞋子的不适一直坚持到终点时，她很羞涩地笑了笑，然后告诉我她不知道。

尽管不知道，她还是走完了这 21 公里的路途。

这片土地对我们来说有一种致命的吸引力。是那个答案，关于不能预测的人生行走的答案，引领着我们的灵魂勇往直前，永不言弃。

10 月 3 日，戈壁第二日

今天才体会到戈壁温差极大，早晨在睡袋里是被冻醒的。羽绒的睡袋依然挡不住大漠的寒冷。但这里的天空与空气一样洌澈，仰望天幕，恍若徒手可摘星，还有一弯浅浅的新月挂在黛蓝色的苍穹。

我在睡袋里辗转难眠。在这片广袤的土地上，人类与他们的居所都渺小如蝼蚁。我们在这里，跋涉过茫茫戈壁。在开始之前，我以为我们是来征服它的，可最后我发现我们都为这宏壮瑰丽的大自然而深深折服。

…………

我们迎风出发，朝阳在背后铺洒成一片金色的天地，黎明一寸一寸地走过戈壁土地。

按照昨晚的队内会议讨论结果，今晨旗手开路，队伍按一路纵队前进。队内会议形成的主要决定就是今天会派两名队员开路，另外，一旦出现跟不上但希望坚持的队员或是体力不支速度慢的队员，全队一定会等着他们。

计划赶不上变化，由于今天主要的路段是黑戈壁，开路的两人并没有发挥很大的作用。但行进中的确出现了体力不支的情况。一位王同学在中途一直不太跟得上，后来经过沟通以及全队投票，我们决定配合他的速度一起走。

其实上午到达营地之前的一小段路队伍分得很散，也出现了一些意见分歧，但之后的路程就顺利了很多。队长依然被调侃，大家彼此开着玩笑，我们的队伍又开始一路欢笑。

不久我们就进入了盐碱地，相比黑戈壁的行程，盐碱地更为费力。营地近在眼前，我们却不得不总是绕路，以躲避塌陷形成的洞和丛生的骆驼刺。

队长是伟大的，这最最艰苦和无聊的一段路，我们靠一路"骂"着队长，嘻嘻哈哈地便走过了。

虽然辛苦，虽然仍然觉得二队的小伙子精力太过旺盛，但总的来说也是很成功的一天。刚刚凑到一起的队员们发扬出了强大的团队精神，不离不弃，走过 27 公里的路，以第一名的成绩集体冲线。

到达终点后，前一秒才喊着腿废了的队员，马上又精力旺盛地跑到了营地的山丘上。

关于我的问题、我的答案，我隐隐有了方向——这一路行走与人生何其相似。尽管艰苦，尽管让我们筋疲力尽，我们却一直向前，无所畏惧。因为一路的欢声笑语，我们始终不曾绝望；因为沿途的壮丽奇景，我们沉醉于自然的神力；因为遥远天际始终浮现出的白色营地，如同那个答案一直引导着我们去找寻。

我想那是有关生存的感觉、生命的路途的。我想我们在接下来的旅程中，一定会更加深刻地感觉到。

10 月 4 日，戈壁第三日

终于到了第三日，从明天起我们这个匆匆集结的团队又要匆匆解散了。

今天我们事先坐车走了近 30 公里的路程，然后直接徒步进入了盐碱地。今天所遭遇的盐碱地比昨天更难走。虽然少去了丛生的骆驼刺，却是真正的深一脚浅一脚的土地——松软处能使半个脚掌陷下去，硬的地方则坎坷不平，白色的矿物盐结晶依稀可见，时不时还会碰到干枯植物的根，踩上去极容易崴脚。

在这种恶劣的条件下，队里的小女孩很快就走不动了，左脚不听使唤。我和随行的家长一直跟着她、带着她，整个队伍也时不时停下来等她，总算是没有掉队。

尽管辛苦，今天的美景却是之前所不能媲美的。在盐碱地跋涉的过程中，我们一路经过了红柳林、疏勒河。十月的红柳美如黄昏的胭脂云，远远望去一片粉橙暮紫。穿过茂密的红柳林，湿润清冽的水汽扑面而来，眼前豁然开朗，只余澄澈的疏勒河静静地流向远方。

一路穿过盐碱地，终于到了中途的补给站。这时，一直状态不太好的队员也都纷纷赶了上来。午餐之后便进入了黑戈壁，戈壁之上是一眼望不到头的白色风车。天空如擦拭过的蓝色玉器一般碧蓝透亮，巨大的风车扇叶慢慢地旋转，有一种异常干净的感觉，何其浪漫。

一路走着，三天来的疲劳也都一齐作用在脚上。腿脚酸软无力，连一直闹腾不休的男孩们也都安静了下来。队伍终于老老实实地排成一列，沉默地行进着。

由于身体不适，我今天终于有了达到极限的感觉。到最后双腿已经完全麻木了，只是随着前一个人机械性地摆动着。

在几乎是半迷糊的状态下，懵懵懂懂之间那个答案倏然撞入脑海。我们忍受这饥渴、劳累，坚持不懈地在这片戈壁上行走，无非是为了寻找生存的感觉和生命的意义。

生存的感觉不限于肢体的疼痛，也许是濒临极限那一刻的突破，也许是泪眼蒙眬中忽现的美景。无论如何，在这里我们能非常深刻地感觉到自我和生命的存在。

戈壁的生活和都市中大相径庭。我想到这次的旅程即将结束，忽然有些害怕现实中铺天盖地的压力和作业。我想，我们也是在用一种与普通生活完全不同的方式去试图寻找生命的意义。这是一种对于现实生活的青少年式抗拒，也是人类对于生命这个深奥命题的永恒追寻。

跳动的心

田心然 戈友 ID：03753C06

结束了戈壁之旅，拖着疲惫的身体，终于回到敦煌。成人礼，感动，但在我心中已并不重要，重要的是我找回了我最重要的——我的心。

曾经，我的心，好累好累。孤独着、寂寞着，在无边无尽的黑暗中，看不到尽头，却又不会迷失方向，只是一直向前飘着、飘着。偶然闯入黑暗的人、事、物，让黑暗中偶然有了一丝波动。唯独没有镜子，好像怎么都看不清自己的样子。当站在戈壁之路的出发点时，心，好像发现了什么，跳动着，跳动着……

人必须要有目标、有信念、有承诺，以及为之付出的不懈努力！

"没来到戈壁滩之前，我不知道什么叫戈壁的荒凉，没进入盐碱地之前，我不理解什么叫盐碱地的可怕，但如果没有来走戈壁，会后悔一辈子。"我对这句话有着强烈的共鸣。戈壁里，没有认输。我知道这片酷热荒凉的戈壁、荆棘密布的盐碱地，不会那么轻易就被我们踩在脚下。我们在和这茫茫戈壁斗，也在和自己斗。只有这样，心才能跳脱出来，去寻找自己的方向，为了自己而继续向前。

生命的绿洲

戈壁，说它是荒芜之地，并不为过。但在这片不毛之地，仍然有顽强的存在，那高低不平的盐碱地，那穿行中偶然扎进裤腿的骆驼刺，那蜿蜒着不知去哪里的疏勒河，那远处屹立百年的胡杨。这原本有些凄凉的一切，在戈壁上，似乎都有着恰到好处的美。

那些走过戈壁的人，用他们不同的方式记录了这样一种美丽。

红 柳

谭天一 戈友 ID：02111C04

初晨的气温实在很低，漫空繁星，凛风高呼——地平线上除了车灯照亮的沙地外一片漆黑。我上着羽绒下着棉裤重装上车，将自己塞进一个角落里，不久便进入深度睡眠状态，纵使一路颠簸不平。到终点前我一头撞在车窗上醒来，如听破晓钟鸣，刹那我就疼得清醒。见到外面天光微露，地平线上山峦的线条清晰可辨，地和天已被流利地分割开来，若有欣喜，车停了，兄弟连队员陆续下车，开始跋涉。脚下是鲜有起伏的盐碱地，不久我的注意力就被分散到周遭的景色上面。越向前走，穹际越是有如血染，很远处的云朵染成红白相间的霞，晨光终于从树梢间露出——我旁边的高地上有一株红柳，晨光透过山岚，一丝初晕穿过了枝杈间的缝隙，十分惊艳。

解 惑

李楚阳　戈友ID：03348C05

去戈壁的路上，我还在疑惑，是什么让前些年里每一个从这片荒原归来的人都那么留恋它，每每提起都有说不完的话？车窗外，分明的一道地平线隔开月球般荒芜的土地和一望无际的浩瀚天空。一小时后，半天后，景致依然如此，汽车仿佛行驶在一颗孤寂的外太空的行星，长路无尽。

戈壁的白昼亮得耀眼。坐下休息时，抬起一路走来只盯着双脚的眼睛，盲目地环顾四周。就像从天而降似的，一蓬矮小的灌木扎眼地现身在天际线附近。我躲开它，目光却又与更近处的一点绿色相撞。接着，一个个绿色的点从这星球上升起，我惊疑了。这荒原上本藏着这么多生命，却不曾被我注意。想起我来时的疑惑，忽然明白了什么。

我试着走近这样的一丛绿，它却渐行渐远。难道是幻觉吗？我停下脚步，忽然发现脚下的土沟里匍匐着一片开着黄色小花的野草。花朵那么小，却那么显眼，与四面的沙土和砾石对抗着。

我心中突然涌起一种英雄相惜的感情，同在无垠的戈壁，同是一个渺小的生命。对呀，天地间的我又比这野草强多少呢？也许这是一种两个生命面对面时自古就有的心情吧，源自那个生命还极端稀少的年代。

戈壁的夜色黑得闷心。只有一点点月光相照，余下的地方都好似不见底的深渊。从营地走上山坡找手机信号的我，突然在余光中发现有一片闪动的银光与屏幕的点点亮光。河水很浅，只是薄薄一层漫过与岸边并无二致的沙石。

在戈壁看到水，心里油然而生一种崇敬。这也是我从未想到的，这荒凉的土地上竟能看到这样的景象。我掬起一捧送进嘴里，没错，是两个氢一个氧的甘甜与清凉。月下的水流淌，流淌。诗人想到它的美丽，歌者想到它的清澈，我想到的独是生命。这点可怜又伟大的水孕育了生命啊，而我也享用了一口它的馈赠。这水，或许也在解答我心中的疑惑。

天地有大美，而这美丽不是争高直指的群峰，亦非斗折蛇行的幽谷，它是生命，大自然赋予的生命。

　　离开戈壁，疑惑尽消，原来让人留恋的并不是戈壁奇异的景观，而是在洪荒中偶遇的生命气息。

骆驼刺

谭天一 戈友 ID：02111C04

　　我清楚地记得午后的睡意漫天黄沙般袭来，我半闭眼睛，只留余光微瞥足下。就这样一直消磨，直到队长来后排问候，问我是不是走不动了，我说只是快睡着了。这时候已经将近黑戈壁的边界，我们满心期待换个行走的环境，虽然大概都知道身上的负担不会消减，但至少足下的滋味会有新意。下午烈日当空时，远处有几只骆驼的身影在公路边伫立，我们无福近观，只能远视，还有半空的翔鹰盘旋，寥寥几个来回，再抬头时就消失了。这时候我们已经接近盐碱地，两辆吉普车停靠在路边，我们倚车小憩，我解下鞋带，顿时一身轻松。

　　之后我们开始盐碱地的步行，一眼望去满是凸起的骆驼刺丛和沙丘，走过一大片稀疏有致的骆驼刺丛之后，我们踏进千针百刺的密集的骆驼刺丛。我原本还为换了地板而满心高兴，至此瞬间被冲得烟消云散。盐碱地上骆驼刺丛生，一不留神就是血的代价；而地表也格外崎岖，高低相差最多有30厘米，脚在里面左右受刑，一会儿大家就被关节的不断扭转弄得很是疲惫。终究还是有队员被骆驼刺所伤，大家在领队的指导下帮忙处理一番，全队的节奏没有因为一个人而变慢。

　　在崎岖的盐碱地里上上下下，我很难想象丛丛骆驼刺间那些黄羊的足印是如何留下的，要经过这片针刺，它们想必会遍体鳞伤；而要吃这些东西的骆驼，则可能遍嘴鳞伤。我只是触碰就畏惧于疼痛，这在此显得如此懦弱和卑微。

上帝的作品

清梦里不见南方的蒹葭

唯有，连绵的沙，飞扬的沙

牵牵连连，翻涌起沙漠豪情的夏

——邢佳雯（戈友ID：05382C07）

雅 丹

周聿昕 戈友 ID：01154C02

　　渐渐地，我们走近了风这位艺术家塑造的群雕——雅丹地貌。这片区域，有的地方坚硬，有的地方松软，有各种形状的土雕，也有随风而起的流沙。它们的形状各不相同，却搭配得如此完美，没有人工的雕琢，唯有自然的造化。穿越这片地带，我们无不感受到大自然鬼斧神工的魅力。

梦柯冰川

邢佳雯 戈友 ID：05382C07

犹记出征时的三两成伴

说说笑笑交谈甚欢

把远处山峦剪影观

梦柯冰川屹立在远方犹如屏扇

两旁的山，颜色晦暗

层层叠叠，为梦柯拉开乌珠细帘

迈步回头总看到它，影渐不宽

地上大小石块沙砾，将脚步传

梦柯，梦柯，梦柯冰川

多少年，你才积得皑皑白雪

多少年，你才冻结了温暖，化作冰川

你是不是说，如南柯一梦一般

凝固的历史

"你说玄奘那时没有 GPS，他怎么走的啊？"

"不知道。"

"他的补给站在哪里？"

"不知道。"

"那你知道玄奘是谁吗？"

"知道，一个和尚。"

"……"

活动第一天晚上，组委会在营地播放史诗纪录片《玄奘大师》。戈壁上临时搭建的"影院"格外受欢迎，孩子们裹着厚厚的羽绒服挤在一起，聚精会神地看着。

敦 煌

邢佳雯 戈友 ID: 05382C07

(一)

车马声响，辗转到敦煌。万里黄沙无疆，大漠荒。绿树寥寥，沙漠绿洲不广。

曾，汉王断匈奴，绝西羌，沙场银枪舞。

曾，张骞出西域，联八方，荒漠旗帜扬。

几度繁华几度荒，俱成过往。但留此盛大辉煌，意蕴悠长。

(二)

莫高窟泥塑壁画穿越千年，灰暗的石壁曾经鲜艳。

梁木历经多少沧桑仍然不倒，壁顶矿彩堪比琉璃珠帘。

年年岁岁年年，帝王将相修建千载越，名商富贾掠夺百年前。

飞天去向何方的乐园，涅槃轮回怎样的流年。

琵琶反弹音律的情感，佛像低眉尘世的苦难。

那些壁画就这样目送游人徘徊流连，那些涂彩就这样绚烂着流年。

岁月静好，莫高窟无声无息栖息在石壁崖间。

疏勒河

邢佳雯 戈友 ID：05382C07

小河湾汇聚成泉，清清浅浅。

后来泉眼集成江河，涛浪连天。

渐渐江河冲刷两岸不断，再无缠绵。

直到那天它终成大海，深邃悠远。

谁能告诉我们，它花了多少时间改变？那之后又是几度沧海桑田？

它可曾目睹中原抗匈，杀声震天？

只是知道今天，它又告别了从前，黄沙又搛。

曾经沧海，它是海底；如今干涸，它是戈壁；亿万年晃过，它永远沉默。

今天，踏上这条路，不知几人走过。

也许一捧沙，一道霞，玄奘都曾经抚摸。

漫漫征途，今天开始。

一起将沉睡在岁月中的戈壁，征服！

石包城

邢佳雯 戈友 ID: 05382C07

犹记石包古城的残垣断壁

石堆的城墙，守望着千里

历朝历代的关口，传递着军机

西域敌军袭，戍人在还击

一次次的修葺，敌不过岁月侵袭

层层包裹的岩石，亦不能承接烽火的洗礼

寒江关的往昔，究竟是怎样的紧急

大军侵境，如黑云压城

戍敌，戍敌，拿枪把马骑

最后最后，终于它还是破碎支离

身处这遥远的戈壁

谁又会细想你曾经的迷离

一切的往事已经如烟而散

只有你还记得那些凡尘，依稀

惩 罚

李楚阳 戈友 ID: 03348C05

　　"知道哪里能挖到锁阳吗?""不知道。"

　　"知道哪里卖锁阳吗?""不知道。"

　　"知道锁阳吗?""不知道。"

　　锁阳? 锁阳城? 太遥远了。遥远到只有戈壁知道答案。

　　当我站在锁阳城故址时,眼前是昏黄的沙、昏黄的石,还有昏黄的城池。骆驼刺无力地生长着,拱卫着已歪倒的古城和古寺。从沙中拾起一块陶片,它历经千年的棱角依旧锋利,我用它划开千年的迷雾,讲一个关于惩罚的沉痛的故事。

　　曾几何时,祁连山的雪水还甚为丰沛,滋润着一个个绿洲。莫高窟的壁画绘着千佛,也绘着来往朝拜的男女老少。画中有唐代的高官、北魏的富豪,他们在洞壁上留下自己和家人的模样。华丽的帽缨、五彩的衣着,依然属于那穿越千年的礼拜。几片土屑剥落,是岁月在抗议吧。曾经,这里銮铃阵阵,商旅络绎不绝,工匠们叮叮当当地刻着属于他们的繁华。

　　再说到锁阳,这种产于河西戈壁的药材也应是极名贵的吧? 但也正是它们的根牢牢地锁住了沙漠,守卫着绿洲上的繁荣。尚怀敬畏之心的人们默默感激自然的恩泽,不去过多地打扰它们,尽管那是唾手可得的财富。这座挺立在戈壁绿洲中的城市被这些敬畏者们命名为"锁阳城"。

　　我看着陶片上的纹路,是无比亮丽的装饰啊。价值千金的财宝使人们的贪婪愈发不受管束。岁月流逝,人心不古。当一株株锁阳被毫无节制地挖出卖掉,长生天愤怒了。本应与风沙战斗的锁阳却躺在高官们温适的家中。我想锁阳定会如辛弃疾般"可怜白发生"吧。它们无助而悲愤地看着人类即将遭遇惩罚而浑然不知。

　　沙尘暴来了,流沙埋没了一切荣华富贵。"日星隐曜,山岳潜形,商旅不行……"绿洲变沙洲，丝路也隐没了光辉。饮着锁阳汤的高官们茫然不知，最多问一句："怎么今年难民这么多？"卖锁阳的人们在沙暴的狂啸中背井离乡。

我站在锁阳城下，仰望着古人们曾经回望的佛塔圆顶。若不是沙的颜色，我会误以为有摇着经筒的喇嘛正从门洞中向外张望，张望我们这群千年后的来客。

而一切不再似从前，被遗弃的城在风中呜咽。

惩罚是沉痛的，重回这片戈壁的人们在忏悔。再也没有挖锁阳的人，再也没有胆敢招致长生天愤怒的子民。走过锁阳城，任谁都会噤声。

祁连山的雪水又日益多了起来，我看到天边一片绿色。今年的锁阳，你是否在生根发芽？

自我的发现

为何在这样一个年纪，需要这样一次远行？

美国心理学家埃里克森曾提出 "心理社会性发展模型"：人在一生中的特定阶段会产生不同的特定需求，如果这些需求被满足了，那么个体的心理状态就会顺利地发展到下一个阶段；如果未被满足，那么心理状态就会停滞甚至倒退，产生不同的以心理—社会冲突为特点的心理问题。埃里克森将人生分为八个阶段，每一阶段都有最需要解决的问题，青春期就是其中一个非常重要的阶段。

八个生命阶段及其相应特征

生命阶段	心理—社会冲突	特 征
第一年	信任与不信任	当婴儿受到温暖持续的照顾时，他就能建立起信任感；缺乏照料或照顾不够则产生不信任感。
1～3岁	自主性与羞怯怀疑	当鼓励儿童探索自我和环境时，自主性得以发展；当儿童的探索受到抑制时，羞怯感和怀疑则会产生。
3～6岁	自发性与内疚感	当鼓励儿童进行各种尝试时，他们的自发性就得到促进；如果嘲笑或过度批评孩子，就会使他们产生内疚感。
6～12岁	勤奋与自卑	儿童受到表扬就会获得勤奋感，而当他们被认为努力不够或表现差劲时就会令其产生自卑感。
青春期	同一性与角色混乱	个体面临一个关键问题："我是谁？"拥有可靠的、统一的特性的个体就达到了同一性；否则即面临角色混乱。
成人早期	亲密与孤独	这个阶段的关键问题是建立一种承诺和亲密的个人关系。这个过程出现失败将导致孤独。
成人中期	生殖与停滞	通过工作或抚养孩子来为社会做出贡献，为未来创造人口。如未能达成将导致过度关心自己或认为生活是无意义的。
成人后期	完整与绝望	回顾生活有满足感，则能够有尊严地面对死亡。如果遗憾成为主导，此时的个体将会感到绝望。

青春期可能面临的最大危机被埃里克森称为"同一性危机"，这一时期的个体最需要解决的问题就是"我是谁？"。刚刚脱离孩童时期，青春期的个体必须在那个"不懂事"也无法承担什么责任的孩童期的自我和即将拥有社会角色并承担更多责任的自我之间寻找联结点，并且把孩童期的种种幻想和现在的各种现实结合到统一的自我概念中去。这个自我概念并不那么容易找到，它更多地体现在职业（社会自我）、意识形态或价值观（精神自我）等方面，埃里克森称之为"灵魂的搜寻"。上文所摘选的《眼睛的追寻》，不正是"灵魂的搜寻"么？

以往的心理学研究早就发现，大多数人倾向于用非常有利的词汇来评价他们自己，心理学家将其称为"积极性偏见"（因为它对人们的心理健康有积极意义）。后来，鲁布尔等人发现，这种"积极性偏见"的程度在人生的不同阶段中是有明显差异的。以下是综合了鲁布尔等许多心理学家的研究而得到的一个曲线图：

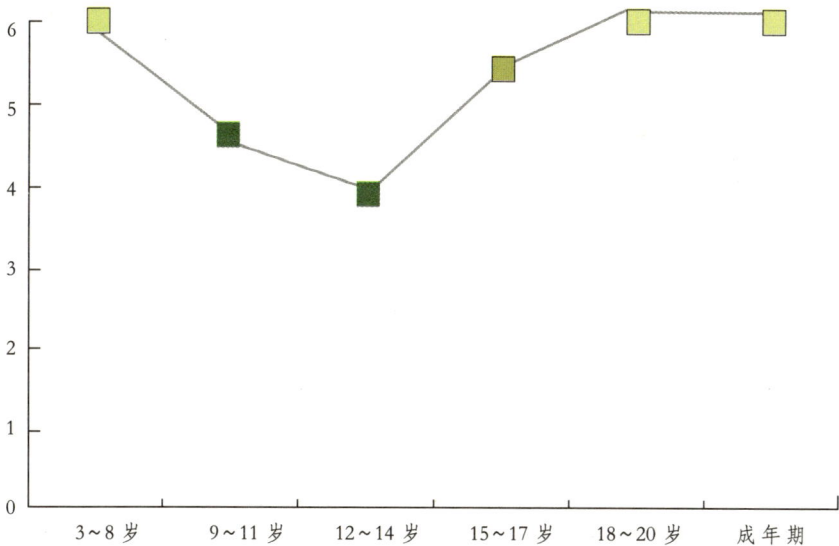

积极性偏见曲线

看了这个曲线，我们就不会奇怪为什么有　"青春期危机"这个提法了。从9～11岁开始，青少年对自己的评价突然开始下降，14岁左右到达最低点，然后开始逆转，直到18～20岁时再度恢复稳定。

处于青春期的孩子，正在经历"同一性危机"的困扰，他们正在试图回答"我是谁？"，试图用各种方式——哪怕是叛逆的方式——来重新找到那个稳定的、和谐的、统一的自我。正如《眼睛的追寻》里那句话所说的，这不就是"对于现实生活的青少年式抗拒，也是人类对于生命这个深奥命题的永恒追寻"么？

一位处于青春期的小队员和父亲一起来戈壁徒步，其颇具个性的长发和永不离身的耳机让领队们印象深刻。他的徒步速度不慢，在终点旗门处敲起鼓来神采飞扬。但最值得关注的是，他从不跟父亲交流。

但是，在完成徒步之后的庆功宴上，所有人——包括他的父亲——惊讶地发现，他的长发不见了，新换了一个干净利落的发型。

"怎么，不玩个性了？"领队们纷纷打趣他。

"这才是真正的我。"他笑答。

孩子去哪儿?
人 生 的 玄 奘 之 路

未来你是谁?你的人生将如何度过?

答案,就在你的玄奘之路上。

曾经,他们说……

我想成为一个坚强、勇敢的人。

——林晗（戈友 ID：01095C02）

我想成为一个快乐有用的人。

——薛棣文（戈友 ID：01136C02）

我想成为航天飞行员，我想问翟志刚在太空中如何解决大小便。

——付泽熙（戈友 ID：01082C02）

我想成为一个乐观、积极、永远不怕挫折的人。如果有一天见到项羽，我要问他鸿门宴上为何放掉刘邦。

——宋之琳（戈友 ID：01113C02）

我想成为让别人尊敬的人。

——胡伲昆（戈友 ID：01089C02）

我想成为一位旅行家，问玄奘法师为什么要西行求法。

——洪浩天（戈友 ID：01092C02）

我认为，每个人的理想都来自心中独一无二的信仰——一生中最重要的东西。一个人信仰真理，他会希望成为科学家；一个人信仰自由，他会希望成为航海家；一个人信仰美，他会希望成为艺术家……信仰决定理想。

——曲若菲（戈友 ID：00194C03）

成人礼之后，小伙伴们都回到了自己的世界中。他们现在在哪里？做着怎样的自己？可曾记起过一同在荒凉中行进、相互扶持的日子？

看看他们的后戈壁时代吧！

向着真理前进!

关于 TA

姓名：曲若菲（小菲）
（戈友 ID：00194T03）

成人礼：第一届、第二届

同行者：母亲程雯（戈友
ID：00119G01）、父亲曲向东（戈
友 ID：00000T01）

坐标：华东政法大学法律学院大一，班级宣传委员、院级和校级学生代表、校学生会权益部成员

戈壁箴言

每个人都有自己的心路，辗转曲折，这条心路没有终点，只有信仰作为方向。

意想不到的 TA

能把一千多人带到戈壁上玩得这么嗨，我已经很意想不到了……其实如果不限于在戈壁上的话，他们的整个事业，从提出想法、为之激动，到克服各种困难去实现，再到后来一周年、两周年、五周年越做越好，"理想、行动、坚持"，我觉得一切都令我很意想不到。在我高中开始做自己想做的事又遇到各种困难或者失望的时候，是他们做的事让我相信，最初的那些灵感是可以被实现的。

后戈壁时代

孩子是上天借我们送给人类的礼物

妈妈说：在我女儿成长过程中，几乎所有大事她都参与决策，并掌握较大的决定权。拼爹的小升初，爸爸无奈下找到某著名中学的校长，而女儿就读的小学推优推荐她上西城外国语学校，经过面试后，西外认为女儿很优秀，希望她就读小语班。在两个学校的选择上，我们尊重女儿的意见，选择了西外，因为她觉得西外是凭她自己的能力考上的，而那著名中学是爸爸找了人的。三年初中，尽管学校条件并不特别好，但是她读得很开心；2010 年她升高中，西外的小语班是可以直升本校的，我心里也没什么压力。一天放学后，小菲很认真地跟我说："妈妈，我想参加中考，我想考四中！"平心而论，女儿的成绩不差，唯一的问题是，小语班的外语以法语为主科，英语学得马马虎虎，已经到了初三冲刺的时候，别人都在全力复习了，我们还得补课，我心里是真没底了。

女儿很坚决，自己给学校打了报告，列举转科的几条理由，振振有词，学校也不得不同意，只是签了自己承担后果的协议书。当天晚上，女儿在家又打印又粘贴忙乎了一个晚上，最后拿着厚厚的一卷纸展开给我看："老妈，我这一年的学习计划都有了，每天做什么、每周完成什么都做成了表格，从现在开始结果我不去想了，只按着这表格去做。"呵呵，一副气吞山河的豪迈！

您一定能理解，作为妈妈，我内心的喜悦！您一定和我一样曾经教过孩子做学习计划，并被他（她）所不屑。今天她主动拿出这么详细的一份计划，从当下一直做到中考前一天，而且充满信心和行动的乐趣。她懂得这样去追求，我怎能不去支持呢？至于考不考取，结果又有什么重要的呢？之后的每一天，那份长长的表格，都在完成后被撕下成了小条。有志者，事竟成！女儿被人大附中录取了。就像在戈壁上，一个大目标，被分解成一个个小目标，个个完成了！爸爸说过每 5 公里休息一下，别人休息的时候我们少休息，就一定能从落后追赶到前面。我们做到了！女儿的成就感不言而喻，连爸爸也是无比自豪！

女儿上初中的时候，有一个主题班会让大家谈谈"我的理想"。她说一年前发生的一件事让她看到了现实与理想的差距。或许未来她将是一个社会学者，或者成为一位公共事务管理者。她将用毕生的精力去探寻、实践人类社会的公平与正义、理性与良知。

就是这个理想，促使着她平时开始读不一样的书了，她会去读《资治通鉴》，会去读《商君书》。我做基金会，她会推荐一本《可操作的民主》，会介绍罗伯特议事规则给我。后来，种种契机使她确定了大学要学法学的目标。并且，她看上了清华法学院。后来，就开始了她艰苦的高三生涯。但是，今年的高考爆了冷门，她成绩还不错，但是离飙升三十几分的清华录取线差了7分，落榜了。我亲爱的女儿，在经历了痛苦的面对和选择之后，心情愉快地去华东政法大学就读了。单就录取线来说，这两个学校有天壤之别。但是，她很开心，她说清华我努力了也就放下了，在华政我仍然是在研读我喜欢的法学，这都没关系。

2010年的10月，女儿又一次走上玄奘之路，因为工作关系，我和爸爸仍然没能在她身边全程陪伴。从她后来的笔记中我读到，她躺在茫茫的戈壁上喘息着，觉得自己没有足够的信心走下去，却也没有勇气放弃……

呵呵，这是一条艰难的路，不会因为你走过一次，就减少了路途和压力。

她坚持下来了。分享的晚上，女儿上台，没有诉说她行程的艰苦，而是淡定地说："平时学习忙，我也不晓得爸爸妈妈在忙些什么。今年是玄奘之路五周年，我看到他们在实现诺言。我把这一次的行走，作为送给爸爸妈妈的礼物……"

台下的我，潸然泪下……

北极熊——王者的天真与脆弱

北极不是一块土地。北极其实是一块漂浮着的领域，讲述着缥缈又宏大、清澈又华丽的故事。因此，它的主宰者身上也注定有着这样的标记。

北极熊独居而游荡的生活不是偶然。如果不是孤傲的动物，是摆脱不了群居的习性的。北极熊在自己生活的地区没有天敌，不需要拥挤而喧闹地生活在一起来互相保护。它们不需要逃命，不需要躲避谁，只需要每天审视着冰川，捕猎填饱肚子。它们形成了一种王者习性，不躲不逃，无所畏惧。它们以强大的力量统治着北极，但当你看它们的神色时，看到的不是统治者的邪恶眼神，而是一种天真和质朴。因为它们的统治依靠的是自然中最简单质朴的法则，即胜者为王。因此它们就为王了啊！因此它们就不会居安思危啊！它们也从没想过用什么手段统治，天生的强大就是手段。在它们遇到灾难前，它们不会想到有人会拿着猎枪来捕杀它们，不会想到海水污染的毒性会一层层聚集在自己身上，更不会想到全球变暖会让它们无路可逃，人类的武器会成为它们的天敌。它们只是天真地生活在自己的天地里，自己那本来独立却正在被侵蚀的世界里。它们的生命像一场完美宏大的梦，永远不会去想醒来时自己身处何方。

"世界不就是冰、雪和海水吗？冰、雪和海水，难道不是我们的领地吗？"

当你偶然走进它们的"梦"，你会不免沉浸在它的美丽中，但跳出来却又会立刻为它的脆弱而惋惜。巅峰就是一种脆弱。

现在，北极熊还可以在广袤的冰川上自由漫步。可是，十年后、百年后呢？冰川融化，北极熊要往哪里去呢？北极熊种族万年来的梦，要结束了吗？

北极熊不知道。北极熊不想知道。脆弱的求生者的生命是一局棋，撑到最后才算赢。王者的生命是一场电影，他们没期望有太美好的结局，有高潮就足够了。

我们明白这一点，但仍然没有人忍心戳破这个梦，不是吗？

征　途

纪录片《征途》讲述的是贵州修文国防军事职业学校的故事。这是一所准军事化管理的普通民办职业学校，几年来以它独特的故事打动了许多来访者。我也不例外。最初打动我的，就是我第一次来到这所学校时留下的印象。我的父母是一个民间志愿支教队的成员，他们在贵州举办过校长培训，组织乡村中小学校长到优秀的学校参访学习。这所职业学校就是其中之一。

那年暑假，我跟随他们来到了这所学校。校园里那种明朗而温暖的氛围，使我再也无法忘记这里。所以我扛起了摄像机，希望通过纪录片的方式把这些故事讲给更多的人听。

这个学校建校之初，由于没有足够的资金办学，只能借其他学校的校园上课。建校八年，他们五次搬迁，包括在这部纪录片拍摄之后刚刚经历的一次。其中有一次，学生们借住其他学校遭到了歧视，校长一时找不到合适的校舍，只找到一处屋顶漏雨、杂草丛生的废弃营房。校长不想耽误学生，决定解散学校，但学生们没有一人离开，坚持与校长连夜徒步到这处营房，在那里亲自动手建设学校。

这所学校的学生大多家境贫困，在入校时更是让父母和以前的老师无比焦虑的"问题少年"。但当我真正见到他们时，却被他们的真诚与热情、乐观而积极的状态和师生之间亲人一般的感情深深震撼了。一所职业学校能够在仅仅几年的教育中使这些学生发生这样大的转变，令我惊叹不已。

曾经有人问我，比这所学校处境更艰难的学校很多，为什么选择这一所呢？我想说，拍摄这部纪录片并不是出于同情，而是出于敬佩。我敬佩这位校长不顾自己的前途，执着于帮助家乡孩子们的情怀；敬佩那里的老师，敬佩他们难以想象的奉献和耐心；也敬佩那里的同学，身处社会边缘却仍然善良而充满希望，不顾自己的贫困而去帮助更贫困的人。

在这个社会上，那些处境艰难的人们需要我们去帮助，而那些处境艰难却创造着奇迹的人们，则更能打动我们，向我们传递一种震撼人心的精神与力量。

现在的TA

从第二次走戈壁到现在，我能特别强烈地感觉到自己对生活和这个世界日益增长的感悟和热爱，越来越多的事情都会引起我的兴趣，无论是愉快还是不愉快的情感，都会被我看作值得珍惜的体验，就像走戈壁一样，任何艰辛其实都是对"存在"的感受。这可能就是生命"被点燃"的感觉。

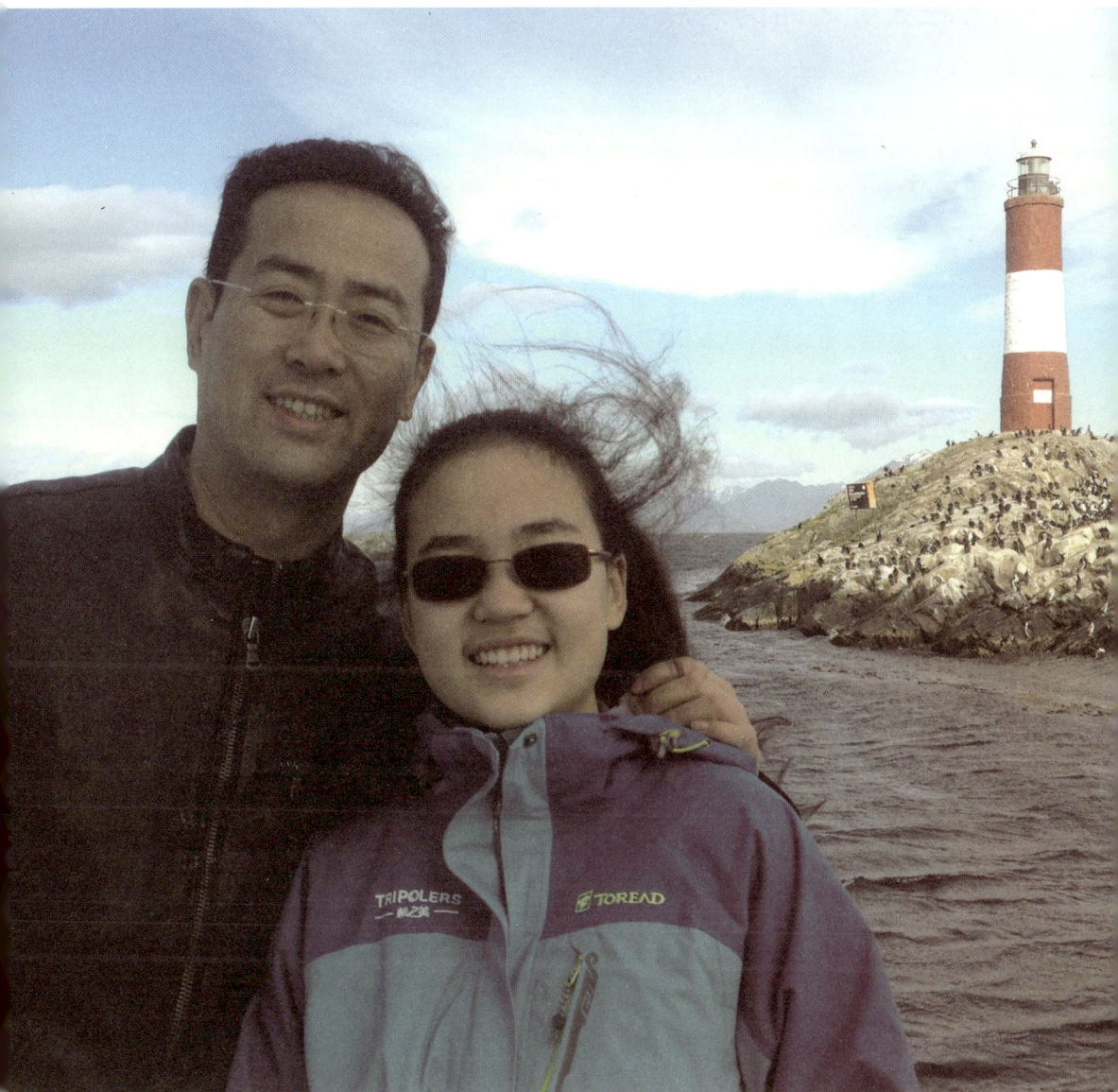

在玄奘之路的终点

关于TA

姓名：安稚琪（Angela）　（戈友 ID：03329C05）

成人礼：　第三届

坐标：世界联合学院（UWC）马轩德拉学院

戈壁箴言

当时讲戈壁里的物种变化，我们总说能在这里生根发芽的东西都是好东西，因为长出来太不容易了。白哥总想去摘，小妹妹会说它会疼的。忘了谁说的，它都能长出来，还怕摘的时候会更疼吗？

意想不到的TA

Hans 周聿昕很成熟，很有男子汉风范。J 蒋子齐是我们的大哥大，话不多但总是很有分量。还有腿哥（我只记得叫他四川火腿），是我们这队里很小的，但充满热情，总是想照顾我们大家。还有一对兄妹，非常可爱。哥哥胖，妹妹瘦，我记得当时总说应该把他俩匀匀。我翻手机一看，自己这一趟净瞎给别人起外号了！

后戈壁时代

"真冷！"

这是刚上高一的安稚琪寒假回家对父母说的第一句话。

安稚琪现在 18 岁，就读于世界联合学院十三所学校之一的马轩德拉学院，即将中学毕业。

世界联合学院的总部位于英国伦敦，现任会长是约旦的努尔皇后，她的前任则是查尔斯王子，查尔斯的前任是蒙巴顿伯爵。曼德拉在生前担任学院的荣誉会长。据说，在整个中国地区，每年只有约 25 名学生被 UWC 录取。

如果学生不打算去欧洲西部、新加坡或者香港的话，他们可以选择就读于以下地区的 UWC 学校：哥斯达黎加、委内瑞拉、印度、斯威士兰（位于非洲东南部）等。近乎探险地图般的学校分布，印证了学校的宗旨——让具有不同背景的学生，"通过在学校的学习生活，理解世界各国的不同文化、宗教及价值观"。

两年前，十年级的安稚琪自己选择了印度浦那，这里有来自 65 个国家的学生。"我觉得去印度玩很容易，但在这儿定居两年是太难得的机会了。"

慢下来

这里很热，所有人都很慢，说话很慢，做事也很慢。没有人会很急躁地去忙，大家每件事都会做得很好，但做得很慢。

浦那距离孟买不远，同属马哈拉施特拉邦，拥有被称为东方牛津的浦那大学，还有为人津津乐道的塔塔汽车集团。那里一月、二月的最高气温可达 30 度。

她笑称自己是个脾气很急的人，起码不是个脾气很好的人。但是第一次寒假回家后，妈妈说，她说话速度变慢了。

这里的课程是国际文凭大学预科课程 (IB)，和她在国内学习的一样。她发现，这里所有的截止期限几乎都比原来的学校晚一到两个月。

不过，决定人心境的，当然不只是温度和截止日期。

"我觉得这是宗教对这个国家的影响。因为人有信仰，所以不是那么急于求成。宗教带给人平和。印度本身是个多宗教、多样性极强的国家。来印度后才知道，印度教不允许吃牛肉，伊斯兰教不允许吃猪肉，所以就没什么可吃的了。因此人民习惯于吃素。但是，这里没有人会强迫你吃素，或者不许你在他们面前吃他们的禁忌食品。"

安稚琪刚到印度一个月左右的时候，正好赶上迦尼萨的神诞日。象头神迦尼萨是马哈拉施特拉人民心中的主神，也是全印度知名度最高的智慧、财富之神。全邦都沉浸在浩大的庆祝活动中。信众们将象头神的神像请回家中，祈求财富、智慧和吉祥。在节日的最后一天，他们要将神像送入河流和大海。

印度是个全民信仰宗教的国家，这种活动是每个人都会去的。所以村民也邀请了马轩德拉学院的学生们。学校在山顶上，一过中午，大家就出发了，从山顶一路走下去——这段路平时开车要半个小时。他们浑身撒满了油彩粉，还不时受到被"泼水"的礼遇。一直走到 7 点，太阳落山，把神的塑像送到河里，随波而去，以保佑这一带所有的人健康。

然后，再走回去。

那是安稚琪第一次深切地感受到宗教的力量。

她至今没有信仰。

但是已经慢了下来。

学会面对

"当背着装备爬在无尽的山路上的时候，我每次都问自己：我吃饱了撑的来这儿干什么！下次绝对不干了！但当挥手和山峰说再见的时候，我又觉得自己下次还是会禁不住诱惑再次上路！"

组织一群中学生去干城章嘉，大概也只有世界联合学院干得出来了——它

的创立者，德国教育学家库特·哈恩自己也是户外拓展训练的奠基人。

这其实是安稚琪因为参加"戈壁成人礼"带来的一个遗憾。她腿有旧伤，在戈壁上膝盖再度受伤，也因此错过了刚刚入学时的登喜马拉雅活动。

不过第二年，她再次申请，参加了为期十天的长线穿越，成功造访了干城章嘉大本营，最高登顶海拔 5 600 米。"每天爬过几十公里的山、扎好帐篷后，还要去砍树搬木头，相信我，你会有要杀人的冲动！但夜幕降临，当你穿上所有能穿的衣服还瑟瑟发抖的时候，你会觉得，离火近一厘米都是幸福的。"

令人最难熬又惊喜的是，大本营的晚上下雪了。在印度，零下了！所有印度人都异常兴奋。

这是上山。

不过更难的，是翻越心里的山。

IB 课程要求有公共服务时间，在 UWC，这更是一种传统。每周下山去孤儿院，去小学教书；每两个月，去外地实践和观摩。

一年多的公益活动经历，安稚琪也有她自己的小纠结："我们确实是在短时间之内帮助了他们，但是不是也给他们带去了伤害？"

曾经在孤儿院里，他们发现有些孩子身上有干裂的伤痕，于是就从医务室取了一些药品，为孩子们处理伤口。慢慢地，他们发现，那些没有受伤的孩子也开始自己抓破身体，就是为了让你坐在他们身边，为他们上药——他们会想尽一切办法来吸引你的注意，甚至伤害自己。

这对一个中学生来说其实是很残酷的事实。安稚琪没有选择继续接受，也没有选择放弃。她以一个十八岁少女敏感的心做出了这样一个选择：

"我还是会去做，但是会做得非常小心。因为当你思考或者反省了之前做的一些事后，会找到一些规律。我依然不抵触，但会更谨慎地选择项目，而且会非常注意自己的言行。比如留意随身带的手机、mp3、iPad。另外，孩子往往非常喜欢和你照相，但这个时候应该做的是拒绝，因为你不可能把照片返还给他们。要关注到每个孩子，以免他们做出过激举动来吸引你的注意。我觉得我是在做一件好事。他们其实会记得你。"

尽情演奏

"假如音乐是爱情的食粮，那么演奏下去吧；尽量地演奏下去，好让爱情因过饱噎塞而死。"（"If music be the food of love, play on; give me excess of it, that, surfeiting."）

这是安稚琪最喜欢的一句台词，出自莎士比亚的《第十二夜》。这是莎翁最"可爱"的作品之一。

戏剧是安稚琪在艺术模块的必修课，是她的爱好，也是她继续做公益的方式。

L'Amour mé decin
Love is the Best Doctor

Directors: Angela An and Amrita Babu
Stage manager: Fadhil abubaker
Costumes, Set design and Makeup:
Lam, Tapiwa and Maya

— 137 —

她和朋友们经常去教城市里的课后活动班，教小朋友跳舞、排演戏剧，也会带孩子们去演出。他们教孩子 hip-pop，也经常为孩子们传统印度舞的舞姿所惊艳。

这个团队有四个人：一个印度女孩，印度舞跳得很好，一个巴基斯坦女孩，一个哥斯达黎加男孩，再加上安稚琪。每个人都会不同的舞种。男孩会画画，教孩子们画面具。安稚琪还在学摄影，也会进行跟踪拍摄，发到 facebook 上。

最后，孩子们献上的演出，是印度歌舞剧般的《狮子王》。

她对戏剧，很真地"用力"。演出时经常受伤，手臂能被木杆硌出血。

她喜欢站在灯光下的感觉，也喜欢看别人站在灯光下，更对灯光和音响的操作很是拿手，爬梯子也不在话下。

"今天又见到了几位戏剧工作者，真心地喜爱，可不知道自己有没有勇气一直做下去。这是一个那么美好而真实的世界，但却不是一份简单的工作，不过我真的很享受现在！"

2014 年 2 月 8 日，他们的《爱情是医生》（L'Amour médecin）首演。她在朋友圈里面说："我第一次体验到了不在台上却比上台更加紧张的感觉。对，好像是导演的感觉！开场前依旧照惯例坐在台上，对着灯看了几分钟。但不像平常需要把台词过一遍。今天我只做了祈祷，希望一切顺利！（还有踩高跟鞋的男同学不要摔跟头。）无论如何这是难忘的一天，观众起立鼓掌时，我真心地感谢所有人。我的孩子们（演员），我的同志们（负责设计和灯光的朋友），还有给力的观众们，他们今天真的笑得很棒！"

而在灯光背后，则是满满一床的剧本，演的导的，演员角色笔记、导演备忘笔记……第三次背同一个剧本，一个场景第三次被推敲……

而当时，正好是大学申请的时候，每个人都很忙，都很焦虑，很容易吵起来，因为大家都真的太累了。

"我和爸爸妈妈说，我去彩排，我要走了。爸爸就一直问大学申请材料写完了没有。我就总在想，人到底是该活在当下呢，还是为未来的事情先去准备？对他们来说，大学申请比表演、比你一个戏要重要太多了。但对我来说，就当时那个情况而言，这个戏就是我的全部，我希望自己能奉上最好的演出，我的演员可以有最好的表演。"

那么，冲突是怎样解决的呢？

安稚琪笑答："戏剧的美丽在于它可以在一段时间内将所有人凝聚在一起。从组队的第一天我们就说，不怕吵架不怕摩擦。因为摩擦得越狠，火花就会越闪亮！"

现在的 TA

说话变慢了。

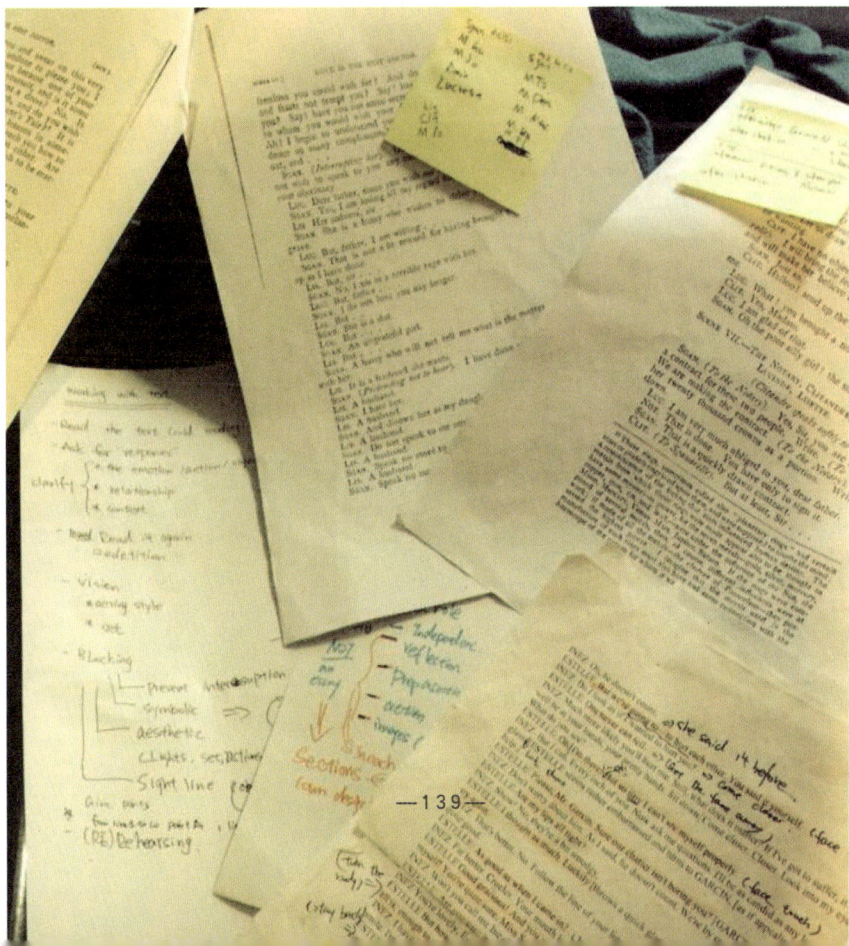

给儿子的一封信

关于TA

姓名：卢山（戈友 ID：03655C06）

成人礼：第六届、第八届

同行者：母亲杨佳璘（戈友 ID：02893Q07）

坐标：上海市进才实验中学初一，劳动委员、纪律委员

戈壁箴言

坚持就是当你浑身疼痛、发着高烧时，还是一心想要走完，从没想过放弃。

意想不到的TA

妈妈说：最令我想不到的，就是他能和队友、领队那么愉快融洽地相处，在身体状况不好的情况下还非常坚持地走完全程，并且从没有抱怨过苦。

记得第一天儿子一直跟着曹霞领队在队首暴走，速度很快，我很惊讶他有这样的能力，因为他之前并没有任何户外徒步的经历。快到旗门的时候我和老公终于追上了他，想和他牵手一起冲线，可是他却回头对我们说，你们别上来，让我第一个冲线。到了营地和他聊天，才知道他当天憋着一股劲要走全队第一，因为从点将台开始就一心想被大家选为兄弟连队员，所以没有自荐当队长和旗手，然后计划第一天走个第一，显示自己的实力。当晚他果然被推举为兄弟连队员之一，如愿以偿。他明确的目标感和这种自主性的确让我异常吃惊，也格外欣喜。这是我们平时从来没有发现过的。

后戈壁时代

（妈妈说：这是 2014 年 3 月卢山写给他未来儿子的信，没想到他的思想

这么成熟了，着实让我感动。）

孩子，你离开我们已经半年了，半年来，你还好么？生活如果困难就回来吧，我们都殷切地希望你能早些回来看我们。我知道，你长大了，快二十岁了，愿意独立生活了，所以希望你能好好地珍惜我们每一次的团聚，好吗？

一个人在外面，不能像在家里那样任性、孩子气了。在外面要多交朋友，有一两个知心朋友，相信你会很快乐。佛教导我们，切忌"贪嗔痴"，千万不要为了那些蝇头小利而上当受骗，贪婪可以吞噬你的一切！孩子，听着，每晚都要反省一下自己，有没有做违背良心的事，做出这种事一定要及时补救，否则就可能天理不容了。希望你在外面能够慢慢理解人生的精髓，明白人生的可贵。

不要轻易和别人吵架，那样只会让你失去更多。生气的时候站在别人的立场上想一想，用别人的眼光看一看，到底是谁错了，而不要戴着有色眼镜指责别人。烦躁时听听音乐吧，美妙的艺术光辉能治愈所有的烦恼与创伤。吃了亏不要恼怒，笑着接受吧，那是人生给你的考验。任何不会使你致死的打击，都会使你变得更强壮，时刻要保持这样的心态，一切祸都会转为福。

我们不要求你什么，只要多长些知识，生活下去，你会发现你渐渐能够看破人世的纷扰、人性的善恶，就像活佛一般，到时候，你虽拥有凡人的身躯，但你的心已经储存了神力。那是丰富的阅历、高尚的操行化成的，在别人眼里，你已经非凡了。

我和你妈虽说在变老，但心也不是顽固的，你如果能教我们一些最新潮的东西、最新的观念，我们也再喜欢不过了，我们都渴望那一天的到来。啊，孩子，我盼望着你回来探望我们，待上半个月，我会给你买你最爱吃的小笼包子，让你妈给你做酸甜的罗宋汤，我们团聚在一起，看电视、聊天，你教我怎么用新手机，我带你看看咱家附近的变化……

唉，孩子，我们都等着，等着这多么美妙的日子，等着这多么欢乐的时光！

现在的 TA

　　妈妈说：卢山比同龄人成熟、自律，有明确的目标后能坚持达成。班主任夸卢山是班级正能量的一面旗帜。

这也是生活

关于 TA

姓名：邢佳雯（戈友 ID：05382C07）

成人礼：第七届

同 行 者： 父 亲 邢 波 （ 戈 友 ID：
03055G07）

坐标：上海市建平实验中学初三

戈壁箴言

戈壁的沙尘已经进入我的灵魂，那
不仅仅是一段经历，更是内心中无限坚强
与力量的不竭源泉。

意想不到的 TA

TA 没什么特别让我意想不到的吧……父亲在我心中一直是比较强大的角色。

后戈壁时代

我亲爱的父亲啊，回归，也是生活。每每望着他远去的背影，我常在心中
喃喃道。

父亲是一个神一般的人——他的生活轨迹飘忽不定：今天晚上才跟你吃过
饭，明天中午就跑到几百公里外去参加马拉松，再过几天可能又在凌晨在朋友
圈发条消息感叹一下工作辛苦，数日后等你再见到他，一准儿会听说他又去了
某个热带雨林或者阳光海岸徒步。

从他脸上，我永远看不到疲惫，看不到忧伤，看不到眷恋。繁忙的工作染

白了他的头发，可他永远要以比头发变白快上千万倍的速度去云游四方，去竭力打拼。年逾不惑？那不算什么。他时常笑道：人之于这个世界，太过渺小而短暂；四海为家过，才是生活。

可每每此时，我常在心中喃喃道：回归，也是生活。

他的鞋子很少和妻儿的鞋并排摆在家门口。他手中提着的重物很少是大采购时的购物袋。他执笔签署自己的姓名，很少是在孩子的作业本上。他在世界上四处探访，那真是一种神一般的人所有的神一般的生活：自由，无拘，开阔，独立。

可终究他还是个人，他还有父母妻儿，终是要柔下心来回应孩子的声声呼唤、父母的细细叮嘱、爱人的默默关怀。可就算是他"回归"，我也能在和他不太多的谈话中嗅到浓郁的跃动的不息的激情——"我无须久留于一处，我意欲展翅翱翔。"

对于他追求的生活，作为他的女儿，我当然十分理解。曾几何时，我也一度想一心追求，但后来却慢慢打消了这念头，因为我看到了另一种生活，一种亦极为有意义的生活。

我没有像他一样说走就走的能力，耳边自然常充满了母亲的唠叨之类。觉得烦是难免的，然而久而久之，亦能在这种生活中品出一股温馨。一回家，几句关切的话语；写作业，几块削好的苹果；深夜里，"早点睡"的叮咛……就像在日落月升时悄然亮起的路灯，日日如此，无甚新意，却总在恰到好处时予赶路人一径光。浸润其中，不禁感叹：平平淡淡，寻寻常常，也是生活！于是我明白，那种会当走遍天下、一览芸芸众生的感觉，若是以回归的温暖为代价，纵然在灵魂上留下了这个世界里至美的刻痕，也还是有所遗憾。

因为，回归也是生活。这种生活虽不会给人以生命之震撼、示人以宇宙之神奇，但它为人们带来的温暖却难以言表。在那些小细节里丝丝缕缕的感动与美好，是非回归之生活不能给予的。就像纯净水平淡无味，却没有人因此而拒绝。

最近倒似听说父亲陪了奶奶几日，心中不禁流溢温暖。父亲，你可感受到了一点点的回归生活的欢愉么？

现在的 TA

　　人变得淡定了。每当遇到什么挫折的时候总会想起戈壁上那个拼尽全力的自己，想起戈壁上那个无限渺小的自己，于是明白没有什么问题是解决不了的，没有什么痛苦真正值得挂怀。我们在广袤的宇宙中微不足道，只需做自己即可！无关他人的嘲弄与赞美，无关世界的繁荣与荒凉。

分享而非施与

关于TA

姓名：王颖菁（眼睛）（戈友 ID：02092C04）

成人礼：第四届

同行者：父亲王昊（戈友 ID：01039G05）

戈壁箴言

说过太多话了，这个真的记不得了。

意想不到的 TA

爸爸早上很细心地往我的脚上和袜子里撒爽肤粉，避免打水泡。

后戈壁时代

坐在巴士上，眺望着窗外，我仿佛看到了那些孩子们幸福的微笑，我们给他们带去的 519 本书一定会使他们感到很开心。519 本！这个数字让我心里油然升起一种成就感。我可爱的同伴詹姆斯坐在我身边，紧握着我的手，一股兴奋和喜悦汇成的暖流无声无息地从他的指间传到我的身上。过往的回忆不断浮现在我脑海中。

两年前，我发起了一个名为"爱心募捐"的公益活动，希望能为偏远山区的小学建设属于它们自己的图书馆尽一些微薄的力量。我的 45 名同学也加入进来，成了志愿者。万事开头难。为了在最短的时间内尽可能地多收集一些图书，我们东跑西颠地在各处搜罗二手书，一个月后，我们将收集到的所有图书捐给了莲花小学——一所教学设施非常简陋的小学，我们满心欢喜地想，这么多书一定能让这些迫切渴望读书的孩子们雀跃不已。

满载图书的大巴缓慢地驶进了校门，一些人迎出来，帮我们搬书给孩子们。让我们意外的是，孩子们似乎并不怎么开心，眼中反而闪过一丝失望和戒备，那是一种带着害羞和感伤的复杂心绪。我从来没想过送书的一刻会是这样的场景，这让我很困惑，我问旁边的老师："为什么他们似乎不怎么开心呢？他们不需要书么？"这个老师犹豫了一下，说："其实，我们之前也从各种公益活动中收到过三次赠书，但大多数书都不适合小学生读，而且好多书都是带着污垢或者破损缺页的，孩子们很敏感，他们会觉得自己像是捡垃圾的……"我愣住了，心情忽然有些沉重，闷声不响地转身朝大巴走去，蹲下来查看我们带来的那些书——《高中法语入门》、《桥梁设计》、《爱情罗曼史》……确实，这些书又有多少是适合眼前这些孩子去读的呢？我只是满腔热情地想去帮助他们，却不曾认真想过他们真正的需要，甚至还在无意间伤害了他们的情感和自尊心。回来的路上我流泪了，但我也想明白了自己应该怎么去做。

　　我们回来以后，大家都觉得有点沮丧，几个核心成员开了个会，我把自己听到的话告诉了他们。"这次的挫折让大家的信心都被打击了，"其中一个同学说，"其实，我们真的已经尽了最大努力了。"我反驳他说："可是我们做得还不够好，如果不反思一下，就没法真正地帮助那些孩子们。"从始至终，我都坚持表示我们必须要进行一次变革，我望着大家的眼睛说："我们得从头做起了，要是谁想放弃，现在就可以离开；如果还想留下，就举个手。"有些人退出了，但余下的那些同伴举起的手却像蜡烛一样点燃了我的心，也点亮了"爱心募捐"的未来。

　　随后的几个月里，我们建立了一个网站，以追踪所捐赠图书的去向，我们还发起倡议，希望每一个捐赠者捐赠的图书都是他们孩童时代真心喜欢的，并希望大家在书的扉页上写下对孩子们的祝福和鼓励，将爱心传递给他们。此外，对每一本捐赠的图书，我们都会认真翻阅，以确保它们是适合小学生阅读的。真正的帮助或许并非一种简单的施与。对于接受捐助的这些孩子，我们应该做的是认真地了解他们真正的需求，理解他们的敏感和脆弱，给他们最诚挚的关爱，而不是通过无意义的捐赠和刺眼的闪光灯一再强调他们的贫穷。

············

　　此刻，我又一次坐在了大巴上，带着500多本精挑细选的图书和我们每个人满满的爱心和祝福。眺望窗外，孩子们纯真的笑容仿佛就在眼前。

现在的TA

　　平稳发展大步向前！

兄弟，没有做不到

关于TA

姓名：吴明煜（戈友ID：05402C07），吴浩权（戈友ID：05400C07）
成人礼：第七届
同行者：母亲余婷（戈友ID：05401C07）
坐标：沈阳鲁迅美术学院附中，广州华美英语实验学校

戈壁箴言

没有我做不到的事，只有我不想做的事。

意想不到的TA

妈妈说：两个孩子在途中表现出了对我前所未有的关心和孝顺，他们的表现和家里的随意大不相同，在恶劣的环境中他们更懂得怎样去爱护自己的母亲。我们在途中也曾遇到挫折和挑战，大儿子在第二天中暑了，39度的高烧，曾一度想放弃，但终于还是坚持了下来。这点令我比较欣慰。

后戈壁时代

妈妈说：现在，孩子们在学习过程中或者朋友之间遇到问题的时候，都会主动找我们商量。孩子们确实变得更加自信、阳光，更加富有责任心和敢于担当。

孩子以前比较懒散，如今爱上了自然风光，有时也会看些地理杂志，表现出了对奇趣事物更浓厚的兴趣。

现在，也有比较头疼的问题，虽然他们现在阳光、自信了很多，但我还是希望他们能加强文科方面的学习，这样以后才能更有内涵、更有深度、更有思

想地去应对各种问题。因此，我现在就督促他们在见识大千世界之余还要多看点文史哲方面的书籍。

现在的 TA

妈妈说：戈壁之行对孩子来说是一次很有意义的成人礼。我希望他们今后能够变得更加自强、自立，无论以后再遇到什么样的难关、什么样的波折，都能坚强面对。正如伟人所云，自信人生二百年，会当水击三千里。在此，我祝福我的孩子！

附录：动机、行为与效能
调查报告

"动机、行为与效能调查报告"
专家委员会

俞敏洪　新东方学校创始人

张志学　北京大学光华管理学院副院长

刘长铭　北京四中校长

曲向东　行知探索文化传播有限公司总裁

调查背景及目的

2005—2006 年，行知探索文化传播有限公司携手中央电视台，发起了"中印友好年"大型文化交流活动"玄奘之路"，一百多名中国经济、传媒等领域的著名人士，沿着玄奘大师西行求法的路线，驾车穿越中亚五国，成功抵达印度新德里。考察队受到了当时国家主席胡锦涛的亲切接见和高度赞扬。此后，在玄奘大师经历九死一生、实现人生超越的甘肃瓜州莫贺延碛戈壁，行知探索持续组织了"玄奘之路商学院戈壁挑战赛"、"戈壁成人礼"、"刀锋领导力培训"等活动，目前，"玄奘之路"已成为中国高端人群中最具影响力和凝聚力的心灵励志品牌。

2007 年 5 月，两名十岁的孩子跟随他们的父母第一次走上玄奘之路；2009 年 10 月，10 个家庭走上玄奘之路，此为戈壁成人礼之肇始；2010 年 10 月，第二届戈壁成人礼，56 个家庭走上玄奘之路；2011 年 8 月和 10 月，第三、四届戈壁成人礼，共有 80 位青少年、90 位家长和 33 位来自贵州贫困山区的中小学校长走上玄奘之路。截至 2013 年底，共有 380 位青少年参加过戈壁成人礼（部分曾经两次参加），其中年龄最小的 7 岁半，最大的 18 岁，还有部分 18 ～ 21 岁的队员作为随队志愿者走完全程。

此次调查起源于一系列的疑问：无论是"商学院挑战赛"、"戈壁成人礼"还是"刀锋领导力培训"，都有许多人说玄奘之路改变了他的一生，到底是如何改变的？为什么？玄奘之路戈壁徒步是一个典型的自我修炼、自我激励的活动，有过较多人生阅历的成年人比较容易接受和理解，但未经世事的青少年为什么还会有多次参加的冲动？动机何在？他们在活动中获得了什么？动机、行为和效能之间具有什么样的关系？对他们未来的人生道路又有什么样的影响？……

基于这一系列的问题，在 2011 年的第三、四届戈壁成人礼上，刀锋领导力实践中心针对每一个青少年以及他们的领队，发放了"动机、行为与效能"

调查问卷，每天持续调查他们的行为动机、目标设置、行为模式、效能评估等，获得了较丰富的原始数据。其后，刀锋领导力实践中心又和北京大学行为科学实验室合作，对这些数据进行了详细的汇总统计，用行为心理学和社会心理学的原理，进行分析、总结，形成了《戈壁成人礼成长报告》第一版。

其后，刀锋领导力实践中心不断对问卷进行优化，增加了最后一日的调查问卷，在第 5～8 届戈壁成人礼中继续发放此问卷，同时对活动过程中的典型案例予以跟踪记录。本研究报告即是在以上资料的基础上进行综合研究而形成的。

我们可将戈壁成人礼视为一次没有对照组的"特殊实验"，为便于对调查数据的理解，对戈壁成人礼的主要情况介绍如下：

活动形式

活动形式为徒步，每天徒步距离为 13～27 公里不等（第二天徒步里程最长）；沿途主要地貌为戈壁、丘陵、盐碱地；采取的形式为轻负重徒步（只需背负个人路餐和饮用水）；全程设置若干补给站，可补充饮水。

由于天气原因，8 月、10 月两次活动路线不完全相同，每天的徒步距离和沿途地貌也有一些差异，但总体难度和体力消耗情况近似。在与行走速度相关的分析中，为了尽量做到准确，我们会将两种路线分开统计。

戈壁成人礼徒步情况介绍

届别	第 5、7 届（与第 3 届相同）	第 6、8 届（与第 2、4 届相同）
路线名称	夏季路线	经典路线
时间	8 月	10 月
平均气温	昼夜温差大，40℃—6℃	昼夜温差大，32℃——4℃
全程距离（折线距离）	80 公里	88 公里
第一天徒步距离／地貌	17 公里／盐碱地、丘陵	21.4 公里／红柳林、小雅丹、沙漠、砾石戈壁
第二天徒步距离／地貌	26 公里／丘陵、河谷	27.2 公里／砾石戈壁、盐碱地
第三天徒步距离／地貌	24 公里／河谷、戈壁、山谷	18.8 公里／盐碱地、砾石戈壁、龟裂地貌
第四天徒步距离／地貌	13 公里／小雅丹、红柳林	20.6 公里／软戈壁、丘陵

每日主题

集结日（D0），集中报到、安全及规则培训、队员分组、自我选举队长、确定队名和口号等、队员团队展示。

徒步日第一天（D1），父母和孩子按家庭结组前进。主题：父母带我向前走。

徒步日第二、三天（D2、D3），孩子和父母分别组队前进。主题：我和团队一起向前走。

徒步日第四天（D4），孩子和父母按家庭结组前进。主题：我带着父母向前走。

请注意四天主题和徒步形式的不同。正是这种不同的行动主题和组队方式，在动机、行为和效能上产生了不同的结果和很多有趣的统计现象。

特殊角色

活动中的特殊角色有两个：

队长：在集结日（D0）由每个团队自己选出，活动中间可根据需要进行改选。

兄弟连：在D2晚上，每组选派2人，在D3时提前出发，执行特殊任务（搭建补给站或架桥），为大部队的行进做准备。

问卷、样本与分析方法

此次调查主要采取问卷调查和跟踪回访两种形式相结合的方式，对参加过第5～8届玄奘之路戈壁成人礼的234名青少年和246名家长进行了调查，并对其中部分队员进行了重点回访。

问卷调查共持续5天，分别为集结日（D0）、徒步第一天到第四天（D1～D4）。由领队在每天晚上到达营地之后发放并回收问卷，问卷的内容为对前一天行为和结果的总结，以及对次日目标的设定，以客观题为主。问卷记名，以便将各日问卷相互关联。

样本情况

此四届成人礼共计 234 位青少年参与，本次调查针对的主要是其中 8～18 岁的人群，共发放了 229 份问卷，并全部回收，回收率为 100%，其中有效问卷 225 份，有效率为 98.3%；统计量中，男生人数为 172 人，占有效问卷比重为 76.4%，女生人数为 53 人，占有效问卷比重为 23.6%；独生子女人数为 147 人，占有效问卷比重为 65.3%，非独生子女人数为 74 人，占有效问卷比重为 32.9%，未填写人数为 4 人，占有效问卷比重为 1.8%。总体来说，此次调查对象中的男女比例基本正常，问卷回收结构安排合理，数据真实可靠，有一定的代表性。

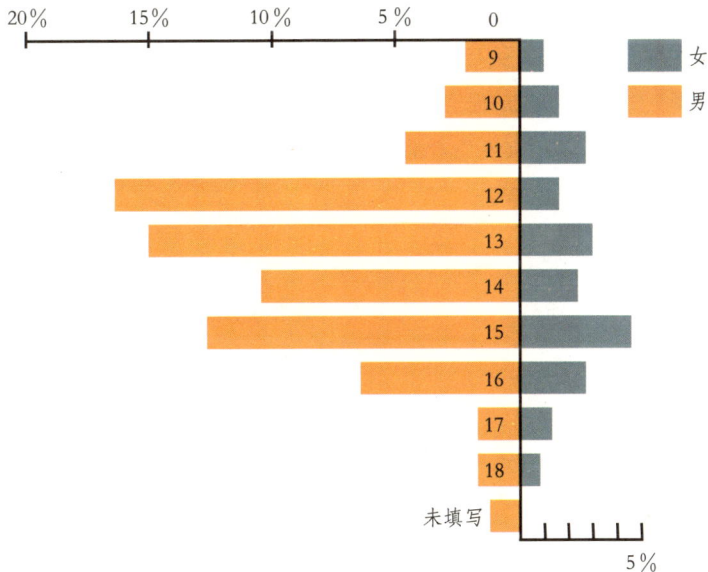

年龄及性别金字塔

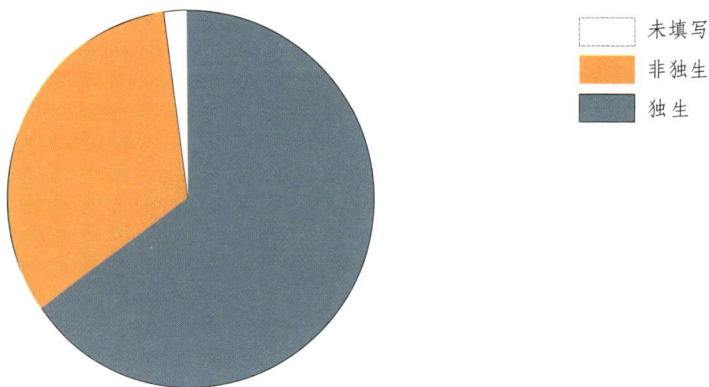

样本独生子女情况

案例和跟踪调查

案例主要来源于活动期间领队的观察、活动后队员及其家长的个人记录，也包括后续回访时获得的口述内容。由于各届活动模式基本一致，我们也在本报告中引用了第三届、第四届的典型案例。

此外，为了探寻青少年参与戈壁成人礼后发生的具体变化、了解家长们最为关心的因素、确认本报告的研究重点，我们在所有的成人礼老队员中抽取了60位家长（约占参与活动家长总数的15%）作为样本进行了后续跟踪调查，共回收问卷46份，回收率为76.7%。

今后，我们将持续跟踪、观察参与过成人礼的青少年的成长变化，以进一步完善"戈壁效应"的研究理论，为青少年的健康成长提供一定的参考。

分析方法

问卷分析主要采用定性分析结合简单定量分析的方式。通过定性分析找出典型问题，并对其进行定义，再利用SPSS19.0软件进行简单定量分析，涉及频数、百分比、相关性分析、交叉分析等方面，为之前的定性分析提供数据支持，以确保整个问卷统计分析的科学性。

所有相关性分析，均采用皮尔逊模型。

图例设计

为了增强报告的整体性和可读性，我们采取了统一报告图例的方式，并借鉴色彩心理学设计了相关图例的色彩。

颜色	说明	颜色	说明	颜色	说明
橙色	行后（实际）	橙色	团队	橙色	孩子
灰蓝色	行前（预期）	灰蓝色	个人	深灰蓝色	父母
浅绿色	肯定表述／正向	浅绿色	更快	黄绿色	更轻松
深绿色	否定表述／负面	深绿色	更慢	橄榄绿	更辛苦
橄榄灰	恐怕不行	灰绿色	不确定		
绿色	一样／无所谓	白色	未填写		

相关图例

团队与个人：青少年的领导力

"团队不一定能使你走得更快，但一定能使你走得更远。"这是一个孩子在徒步结束后的成人礼仪式上的分享发言。

果真如此吗？

在徒步的第二天（D2），我们在问卷中两次问到，明天你能否走完全程？第一次我们是这样问的："明天我们的徒步行程是直线距离22.4公里的河床、戈壁和丘陵，你能走下来么？"综合第五至八届的数据，平均有70.2%的人认为自己一定能走完全程；隔了若干问题之后，又一次问到："明天你会和年龄相近的伙伴们组成一支队伍，独立行进。你认为你们的团队能顺利走完全程么？"显然，"你们的团队"一定也包含了"你"，但这一次，有许多队员改变了答案，89.3％的小队员认为他们一定能走完全程。而在以往每届的调查中我们都可以看到，小队员对于自我在团队中的表现的预期，普遍高于在普通语境中对自我表现的预期。

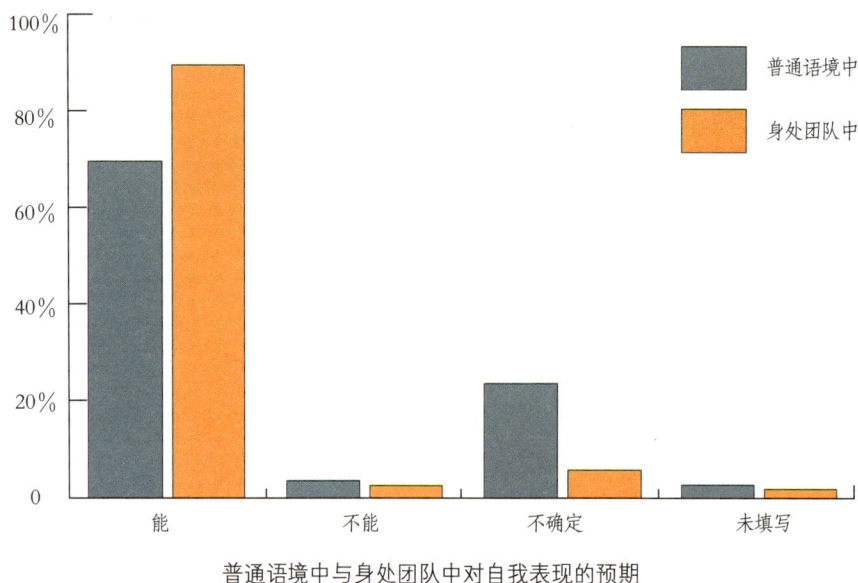

普通语境中与身处团队中对自我表现的预期

为了得到更准确的结论，我们在D1晚上的问卷中要求队员们预测第二天团队对自己的影响，包括速度、状态和坚持下来的可能性，并在D3徒步完成后，调查了团队对他们实际产生的影响，包括速度和状态。

无论是预期情况还是实际情况，对团队作用持积极态度的孩子都占到半数以上，而认为团队会让自己走得更慢、更辛苦的人只占不到18％。当具体思考团队的作用时，我们发现，孩子们关注的不仅是效能的提升（速度变快），更多的是团队对自身心理状态方面的影响——一半以上在团队中的孩子坚持下来的可能性会得到提升，或者走得更轻松。而这些积极的心理影响也会反过来促进团队效能的提升。

未填写
不确定
一样
更辛苦
更轻松
更慢
更快

和这支临时组成的团队一起走，你认为你能走得如何？

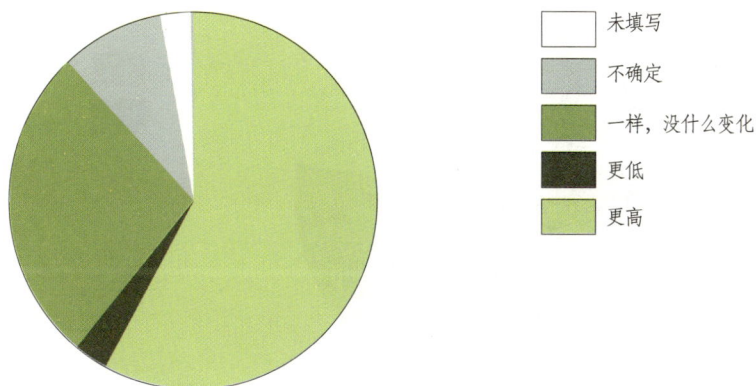

未填写
不确定
一样，没什么变化
更低
更高

和这支临时组成的团队一起走，你认为你坚持下来的可能性会有什么变化？

未填写
不确定
一样
更慢
更快

和同龄的团队一起走，你感到你的速度有什么变化？

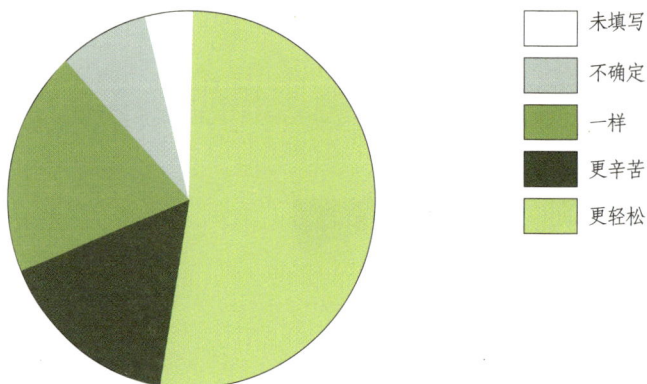

图例：
- 未填写
- 不确定
- 一样
- 更辛苦
- 更轻松

和团队一起走，你感到你的状态有什么变化？

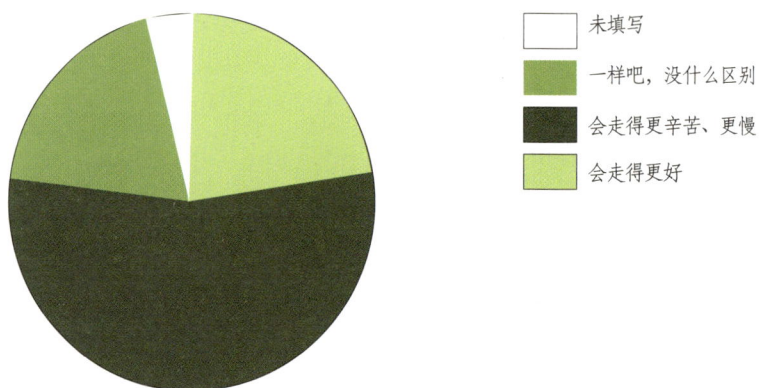

图例：
- 未填写
- 一样吧，没什么区别
- 会走得更辛苦、更慢
- 会走得更好

今天如果你不是和这个团队一起走，而是自己走，你认为你会走得如何？

个人能力与团队意识的关系

值得我们深思的是，在走完全程后，有一些孩子认为团队会让他们走得更慢，也有一些孩子认为团队会让他们走得更辛苦，这个比例高于他们之前的预期。显然，团队的磨合也需要放弃一些个人的舒适性，这个比例尽管不大，但我们很感兴趣：究竟是哪些人认为团队让自己走得更辛苦？是那些原本可以走得更快的人么？

于是，我们分别以第一天孩子们对个人用时的预期（反映其对个人能力的判断）和实际完成时间（反映其真实速度）作为横向标尺，交叉分析了具有不同速度的孩子对于以上这些问题的回答情况。我们惊讶地发现，无论是第五、七届，还是第六、八届，都符合同一个规律：走得越快的人（包含真实情况与预期情况），越觉得团队对自己的影响是正向的——即他们在团队里面坚持的可能性更大，速度更快，状态更轻松——而并非像我们之前猜测的那样，认为团队影响了自己的速度。而处在中游的人（可简称为"第二梯队"）往往会觉得在团队中坚持下来的可能性一样甚至更小，实际速度更慢，状态更辛苦。那些速度再慢一些的孩子，则多数觉得一样或者不确定。无论是对团队作用的预期还是实际感受，均是如此。

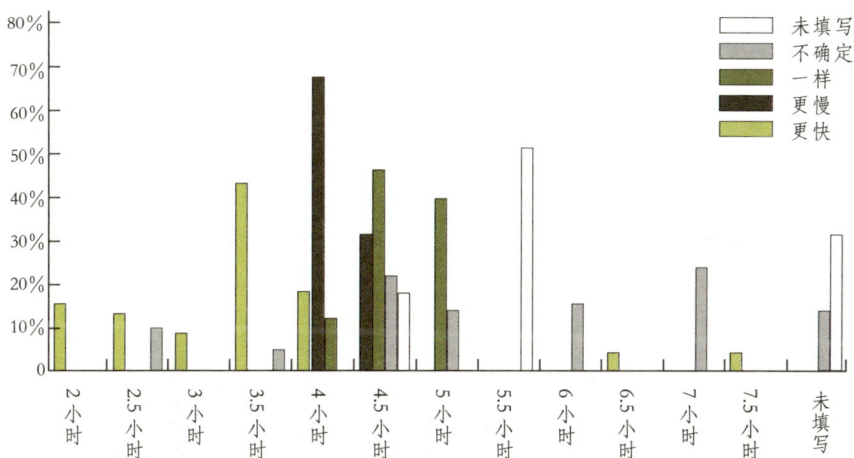

第五、七届戈壁徒步中对团队作用（对速度的影响）持不同看法的孩子的用时分布

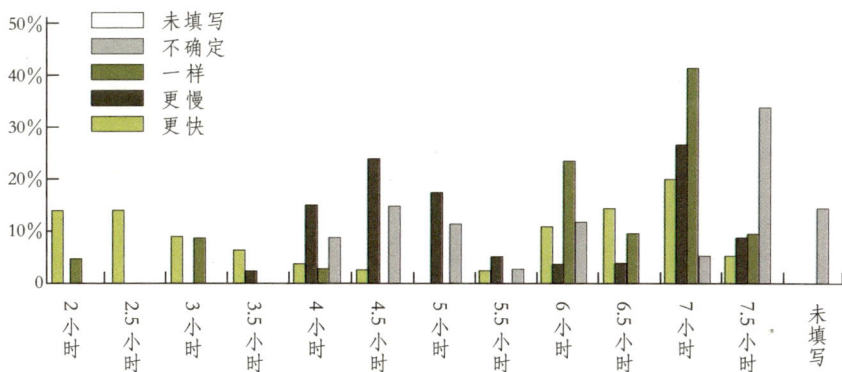

第六、八届戈壁徒步中对团队作用（对速度的影响）持不同看法的孩子的用时分布

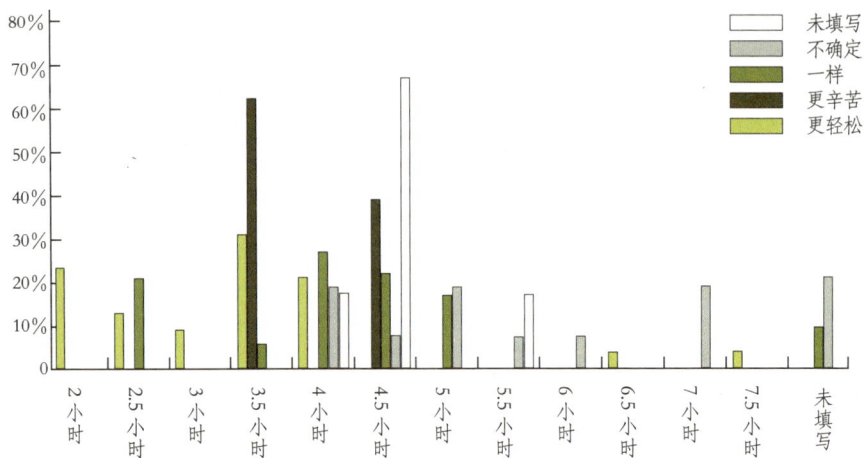

第五、七届戈壁徒步中对团队作用（对状态的影响）持不同看法的孩子的用时分布

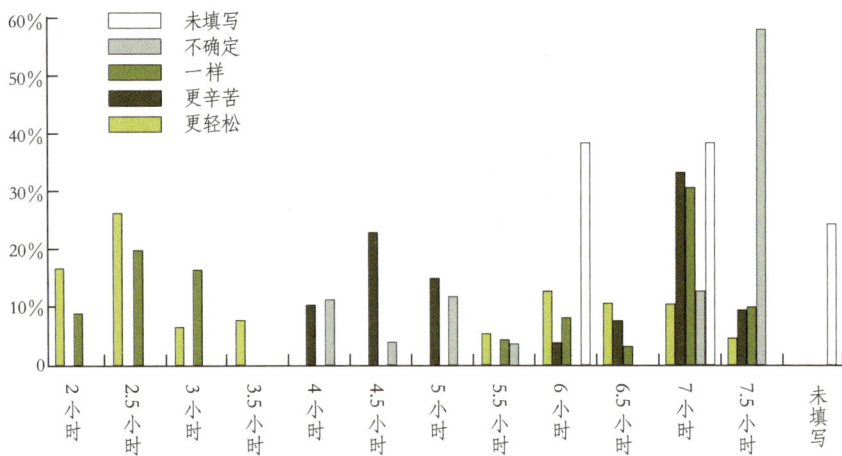

第六、八届戈壁徒步中对团队作用（对状态的影响）持不同看法的孩子的用时分布

　　我们猜测，"第二梯队"的此种观点或许与"银牌现象"有关。美国康奈尔大学的研究小组曾对奥运会金、银、铜牌获得者的幸福指数做过研究，通过分析选手表情，他们认为，银牌获得者的幸福指数要比铜牌获得者低。究其原因，银牌获得者的基准是金牌，而铜牌获得者的基准则是没有奖牌。后者拿到奖牌就已非常高兴，但对前者来说，获得银牌的喜悦远比不上没能获得金牌的伤感，这也导致他们对团队作用的解读更加消极。

领队们也提出了另一种假设——处于"第二梯队"中的人，可能对自己没有什么硬性要求，虽然自身实力也不弱，但并不太争强好胜。相反，处于"第一梯队"中的人往往对自己方方面面都有更高的要求——这既包括速度，也包括团队感。

在今后的戈壁成人礼活动中，我们也会对"第二梯队"这一人群给予更多关注，进一步探求背后的深层次原因。

竞选——领导力的最初实践

玄奘之路戈壁成人礼是一个很好的青少年团队领导力实践场，但"动机、行为与效能"调查问卷中，专门针对领导力的量化统计问题并不多，对孩子们领导力的观察和判断多来自领队和志愿者推选出的"最成功的戈壁队长"。通过这些成功案例的讲述，我们可以逐渐归纳总结出一些共性。目前这项工作仍在开展，以下的分析是一些阶段性的判断。

竞选队长，是每一届成人礼集结日的重要环节，通常也是观察这个团队中每一个孩子的领导力的起点。每届戈壁成人礼会将孩子们根据年龄分为三组，因此会有三个队长产生。孩子们往往会自发地选出"副队长"或"指导员"。四天的徒步过程中，并没有规定是否需要进行队长改选，但孩子们有时会根据本队行进的情况和队长的表现自发地进行队长改选。此外，D2 和 D3，有时会根据路线情况组建"兄弟连"，兄弟连需要在大部队出发前提前出发，为全队完成渡河搭桥等任务。兄弟连也会在出发时选举自己的连长，如果原先某一个队的队长加入了兄弟连，则其原来的队伍也会选举临时队长。这些"人事更替"，都是观察孩子们领导力的重要环节。

孩子们是否愿意担任队长？调查中我们发现，对是否愿意参加队长竞选"态度模糊"的比例最高，也就是"无所谓，他们选我我就当"，在第三届中，这个比例是 35%，第四届这一比例则超过了 40%。第 5 ～ 8 届，这种现象有所改变，愿意担任队长的孩子的平均比例升到了最高——42%，主要原因是第五届中这一比例高达 63.5%。而持无所谓态度的孩子所占的比例大约为 26%

（很大程度上是因为第五届中这一比例仅为 7.5%），不过这仍然是一个较高的比例。

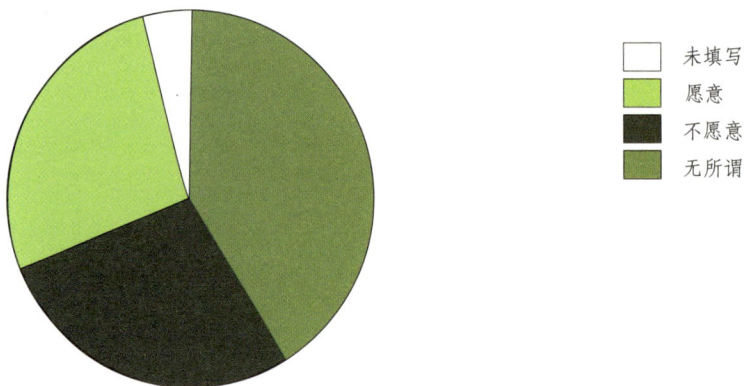

		未填写
		愿意
		不愿意
		无所谓

第四届戈壁成人礼中孩子们对竞选队长的态度

第五至八届戈壁成人礼中孩子们对竞选队长的态度

	第 5 届	第 6 届	第 7 届	第 8 届
愿意	63.5%	39.0%	39.0%	28.4%
不愿意	24.0%	33.9%	30.5%	22.4%
无所谓	7.5%	25.4%	27.1%	43.2%
未填写	5.0%	1.7%	3.4%	6.0%

　　结合"无所谓，他们选我我就当"这个答案的表述，这个高比例值得进一步探讨。因为这个答案既不意味着确认我"有能力、并且有意愿"担任队长，也不意味着我"无意于"担任队长，可以说是一种"暧昧"的表态。那么这种"暧昧态度"的背后是什么呢？是对自我能力和意愿认识不清？是尝试通过其他人的选择来进行自我证明？还是对队长这个"官职"在价值观上有一种模糊不清的认识？如果在不同的文化背景中对比，这个问题的答案是否会有所不同？

在接下来的分析中，我们将选择这个选项比例最低的第五届作为突破口。这一届的队员主要是参与过玄奘之路戈壁徒步活动的老戈友，或者是他们的朋友及其家人，或许正是父母或父母朋友分享的间接经验，令孩子们更倾向于担任队长，而较少有模糊态度。

另外，我们尝试引入"速度"（由第一天的实际完成时间得出）作为孩子们能力的一个表现，试图观察什么样的孩子最可能对竞选队长持模糊态度，得出的结果却说明了更多的问题。请注意，由于问卷上这道是否愿意竞选队长的题目是在 DO 这一天询问的，因此孩子们答题时的情绪并不受第一天实际成绩的影响。

结果是，实际徒步实力最强的孩子（第一天家庭徒步中速度最快的）最有竞选队长的意愿，而速度最慢的孩子，这一项几乎都没有填写。令人深思的是，"第二梯队"的孩子往往是最不愿意当队长的。速度再慢一些的孩子对当队长反而持"无所谓"的态度，如果被人选出，很乐意就任。我们又用预期速度（第一天的预期完成时间）作为标尺做了相同的分析，结果基本一致。

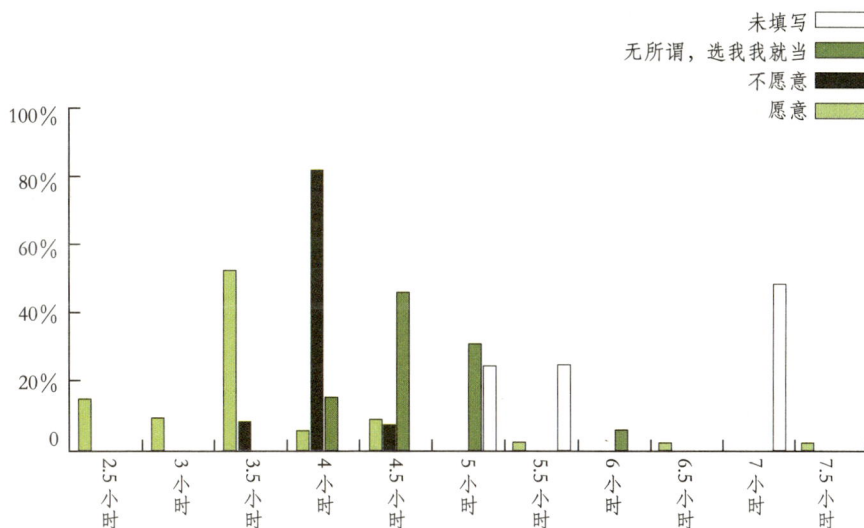

第五、七届戈壁徒步中对于竞选队长有不同意愿的孩子的用时分布

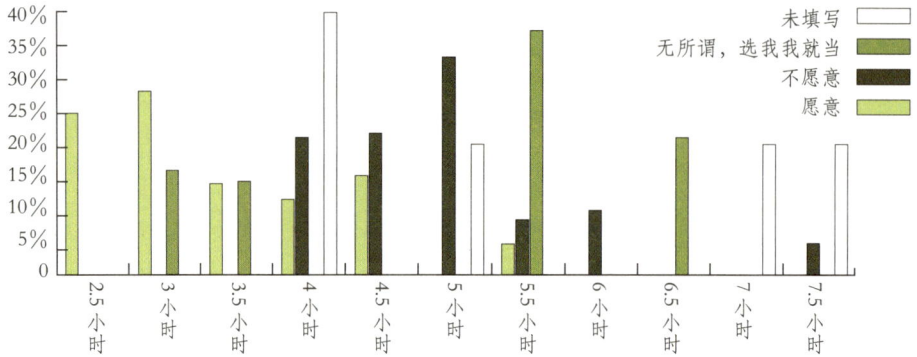

第六、八届戈壁徒步中对于竞选队长有不同意愿的孩子的用时分布

这和我们在上面讨论的团队感问题的结果是一致的，因此我们使用了上面提到的假说来进行分析：

对于"第二梯队"的人来说，他们不愿意竞选队长有两种可能。第一，他们本身具有不弱的实力，对于成绩也有更高的期待，当他们觉得团队对自身并没有太多积极作用的时候，或许并不愿意付出更多的精力去照顾队友和带领队伍。第二，领队们的"无追求"说也同样适用，由于他们对于自己没有太多要求，也就不会对队长的"权力"有所期冀，抱有一种"淡泊名利"的态度。对于这两种完全相反的观点，我们还期待着更多的数据和研究，才能给出进一步的结论。

而对于再慢一些的孩子，或许正是由于他们自身的实力不那么强，因而对竞选队长并没有那么强的自信，但也没有"第二梯队"的心理困境（或者也可能是一种境界），内心仍然很希望为团队做出贡献，所以才对是否竞选队长持模糊态度。

队长风范

但根据我们的观察，在竞选队长的问题上是否表现得积极、活跃与最终能否成为深孚众望的队长并没有明显的关系。也就是说，在调查问卷中，获得队员最高评价并当选队长的人，往往不是在竞选中表现最活跃的，甚至有可能是最沉默的那一个。

领队观察报告中有几个案例：

案例一来自第二届戈壁成人礼的兄弟连。这个兄弟连是在前一天晚上由小队员们自愿报名组成的，要在全部队伍出发前一小时出发，提前到达渡河点，用组委会备好的材料搭建一座简易桥梁，保证大部队顺利渡河。在这个环节中，组委会委派的领队和志愿者只能作为旁观者，由孩子们自己完成连长选举、管理、安排行程、搭桥等任务。这一天兄弟连的队员们分别来自三个小队，所以他们需要在出发前临时选举一名新的"兄弟连连长"。

选举开始后，几乎所有的队员都推选了前一天二队的队长——一个黑瘦的小伙子。小伙子只是笑笑，就自动出列，担任了连长，并同时指定了一名副连长，给副连长分配的任务是在队尾压队。之后就开始行进。连长很沉默，一直走在队伍的前面，时常通过对讲机询问副连长队尾的状况。

因为有渡河搭桥的任务，前进过程中最主要的矛盾出现了——有部分体力好的队员压不住速度，总要向前冲，这和队伍后半部分速度慢的队员就形成了冲突。连长在整个过程中始终扮演着一个协调的角色，但他似乎也没有更多的办法，总是以沉默来承受来自两方面的抱怨和压力，同时也跑前跑后地帮助速度较慢的队员。

矛盾一直积聚着，走到一半的时候，队伍不得不停下来开会，讨论如何解决由于速度不一致而产生的队员之间的矛盾冲突。起初争论的时候，连长多半时间是在倾听。最后，他简短有力地做出决定：我们分成两组，第一组快组，负责指引方向，并率先赶到渡河点完成搭桥任务，由副连长和一名能比较熟练地使用 GPS 的队员带队；第二组慢组，由连长本人带领，目标就是尽快前进，务必保证赶在大部队到达之前抵达渡河点——按照活动规则，只要兄弟连能在大部队到达渡河点之前完成简易桥搭建，并在桥边竖立红旗地标，就算完成任务。

安全起见，出发前连长明确要求两组人员不能相距太远，只要前队快要离开后队的视线，连长就会通过对讲机呼叫，让前队停留休息，等待后队，后队则尽量减少休息的次数，避免落下太长距离。这种行进方式的效率显然比前半程有所提升，最终，前队及时到达渡河点开始搭桥，而后队并没有落后太多，及时赶到了渡河点，在河边的高地竖起了指明方向的红旗。兄弟连圆满地完成了任务。

案例二来自第四届戈壁成人礼，观察员是来自媒体的志愿者。案例中涉及的这名队长也同样沉默寡言，但多了另外一个特点：由于这个队伍并非"兄弟连"，队员们赶路并急于完成任务的心态并不迫切，再加上队伍中有几个很活泼外向的队员，在路上常常拿队长"开涮"，用各种各样的方式来取笑队长，甚至"骂"队长，但队长始终笑脸相迎，没有任何不快，还常常帮年纪小身体弱的队员背背包，因此这支队伍一路上始终欢声笑语。这一点让领队、志愿者和小队员们印象深刻。

因此，后来我们整理问卷的时候，在回答"你对哪一位伙伴印象最深，为什么？"这个问题时，他们小队大部分队员都选了这位队长。原因主要包括：

● 队长一直跑前跑后组织队伍。

● 队长还是一如既往地负责、照顾我们。

● 队长的心理承受能力特别强。

● 队长是我们的精神支柱。

● 喷队长我们就有了前进的动力。

● 队长领导力很强，是一个好队长。

● 队长太能挨骂了。

● 队长和我沟通最多。

案例三来自一位由于队长被选入兄弟连而临时上岗的"临时队长"。

在离终点还有几十米的地方，他让所有队员坐下等待落后的队友，坚持要一起冲线。在休息站享受阴凉的家长们，看着近在咫尺的孩子在烈日下等待，纷纷跑来送西瓜，但队长拒绝了，坚决要等待队友到来再一起享用。家长们心疼孩子，不停埋怨这位队长的"独断专行"："要是中暑了怎么办？"队长并不解释，只是从背包里拿出藿香正气，让队友们服用。最终，整个团队成功地一起冲线，而家长们也被孩子们的团结和坚持所感动。

令人意外的是，最后在成人仪式的分享环节中，这位"临时队长"在台上为此郑重地向所有家长道歉，态度仍然不卑不亢。

通过以上的观察案例和队员们的评价，我们大致能勾勒出戈壁成人礼活动中一个成功队长的画像——

首先，他目标明确、坚定、不动摇，这一点是成人礼活动带来的，活动已经给了他一个不可动摇的目标，他既然选择了当队长，就要有比别人更坚定的信心去完成这个目标。对自己的目标毫不怀疑——无论其动力或压力来自于内部还是外部，这一点是领导力的基础。

其次，他需要以身作则，始终走在队伍的前面——当队尾压力最大的时候，他也同样会走在队伍的后面。并且，他要前前后后地照顾整个队伍。

最后，他的性格特点是近于"刚、毅、木、讷"的，也就是坚强、果决、质朴、慎言。

由此我们可以看到，这短短八十余公里的戈壁徒步，实际上不仅仅是对个人意志的磨炼，也是一次关于团队领导力的精彩演练和实践。

孩子与父母：你真的理解 TA 吗？

戈壁成人礼，并不仅仅是孩子们的成人礼。其实，面对陌生而严酷的环境，许多父母并不比孩子拥有更大的体能优势，也不再具有不可动摇的威严。而徒步第二天和第三天，父母也不能与孩子同行，必须放手让孩子自由发挥。这也给了家长一个理解孩子、反思自身，并用正向价值观引导孩子、与孩子共同成长的机会。

最佳同伴

绝大多数孩子表示，他们愿意和自己的父母一起参加戈壁成人礼——毕竟，父母已经来了。但是如果他们可以选择，他们会更愿意和自己的亲密伙伴一起参加戈壁成人礼，这种倾向性在各届成人礼的调查（包括行前和行后）中都比较一致。

不过，徒步结束后表示愿意和父母一起来的孩子略多了一些，而且，这部分孩子显然更愿意和妈妈一起来。领队调查也证实了这一点——爸爸们虽然能起到更多的引导和支持作用，但在行前准备和活动中对孩子的关心照料上，却不如细心的妈妈们让孩子心里温暖。

值得注意的是，徒步开始前有10%的孩子倾向于"和自己"一起参加成人礼，也就是独自参加，而在徒步结束后这个比例几乎降低了一半——只有5.3%的孩子愿意享受这种孤独了。

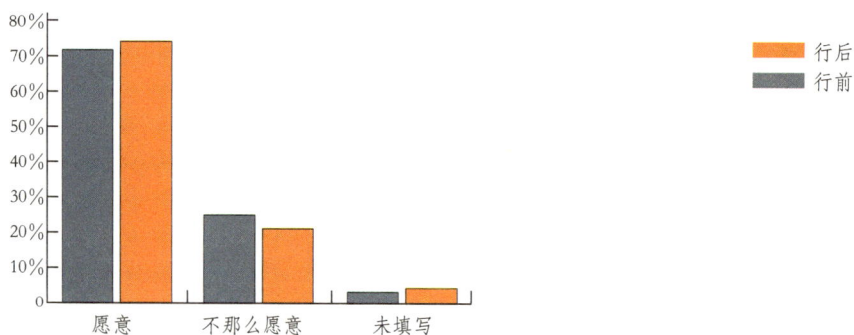

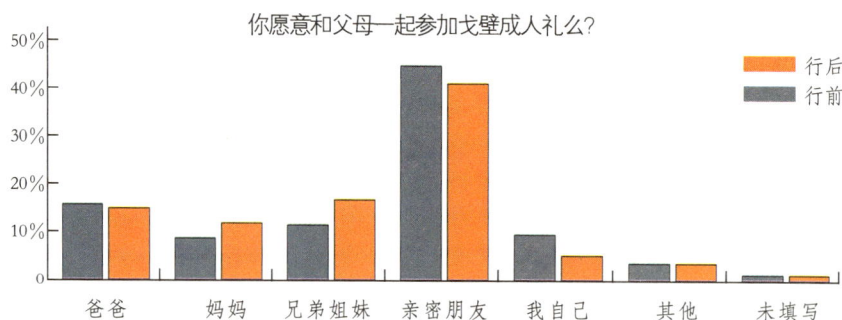

你愿意和父母一起参加戈壁成人礼么？

如果能选择，你更愿意和谁一起参加戈壁成人礼？

孩子对父母的评估和期待

第二天、第三天的分组行走，不仅是对孩子们的考验，更是对父母的考验。在孩子眼中，父母能否顺利完成这个挑战？他们又对父母有着什么样的期待呢？

在第一天晚上，孩子们对父母的预估是很高的——第五、七届有81.4%的孩子，第六、八届有83.7%的孩子都认为父母能够走完全程。而父母的实际表现也超越了这个评估——分别有91.8%和90%的家长完成了第二天的徒步。

但是孩子们对父母走完的期待，并不等同于对父母表现的预估，这个百分比要更低一些。在第二天完成后，由于徒步的艰苦，比例又进一步降低。但无论如何，选择"希望父母走完全程"的孩子，他们父母的完成率果然更高了一些。

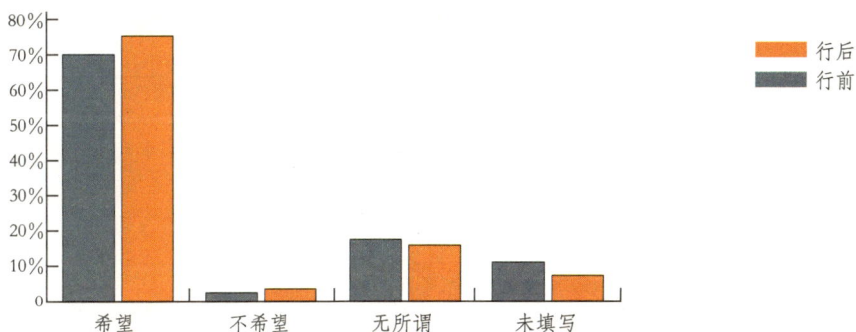

你是否希望父母走完全程？（第五、七届）

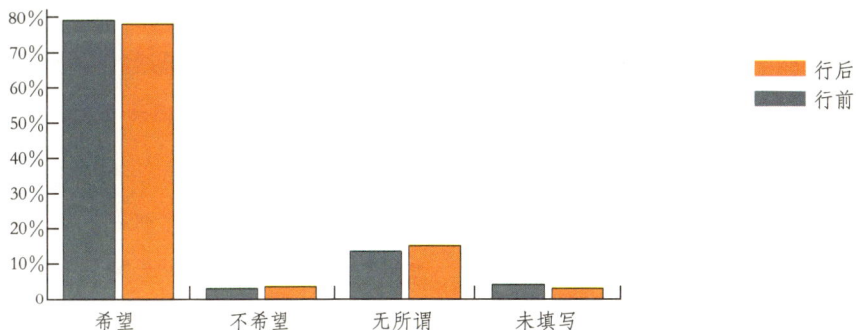

你是否希望父母走完全程？（第六、八届）

孩子对父母的评估、期待与父母的实际完成情况

	认为父母可以走完的孩子占全部孩子的比例（D2）	期待父母走完的孩子占全部孩子的比例（D2→D3）	所有孩子的父母的实际完成率（D2→D3）	希望父母走完的孩子其父母的实际完成率（D2→D3）
第五、七届	81.4%	69.7%→74.7% ↑	91.8%→91.7% ↓	94.2%→100% ↑
第六、八届	83.7%	79.3%→77.8% ↓	90%→86.4% ↓	96%→93.88% ↓

针对希望父母徒步走完全程的原因，我们将孩子们的答案做了一个详细的归类。

希望父母徒步走完全程的原因

总体原因	具体原因	孩子们给出的回答	计数	
亲子关系	家庭荣誉感	要走完，以捍卫我们一家的荣誉。	18	
	对父母的信任	他当然行，我相信他能完成。	18	
	对父母的期望	希望成人礼成功，和爸爸一起冲线。	14	70
	父母的榜样作用	父母是我的榜样，因为有他们我才有勇气向前冲。	13	
	父母与孩子的约定	要坚持走完，我们约定好的。	7	
理性判断	父母身体条件	他体能好，比我们强壮，一定能够走完。	29	34
	父母活动经验	他是老驴友，经验丰富，这是小意思。	5	
对父母的益处	特别体验	这是她一辈子中一次特别的人生体验。	12	20
	身心益处	走完能够锻炼身体、增强耐力。	8	

从中可见，亲子关系是最主要的原因，此外，有34人是通过自身的理性判断得出结论的，有20人是基于父母的利益进行考虑的，比例也并不低。

关于"基于父母的利益"的考虑，上述"是否希望父母走完"的问题可能还会给我们更多的启发——我们在两条不同的路线上发现了一个有趣的微小差异。在完成第二天的徒步之后，第五、七届的小队员更加期待父母第三天的表现（更多的人期望父母走完全程，更少的人不期望他们走完全程，更少的人对这个问题表现出无所谓的态度），而第六、八届的答案则完全与此相反。

是因为父母前一天没有走下来？还是因为第二天行程太过艰苦？毕竟，虽然第二天都是最艰苦的一天，但第五、七届的路线上以丘陵和河谷为主，而第六、八届的路线上则以荒凉的砾石戈壁和难度极大的盐碱地为主。我们筛选出了第六、八届在第一天选择"希望父母走完全程"却在第二天改了主意的小队员，发现这14人（第六届5人，第八届9人）中，只有两个人的父母当天没有走下来（从孩子们的答案中可以看出是因为受伤）。他们的理由大致是：

- 妈妈不舒服，可以不用走了。

- 我爸小腿受伤了。

- 她肌肉拉伤了，还是不要走了，看着我走就好。

- 他那么累了，休息一下也好。

- 能走完当然好，走不完也没有关系。

这是孩子们对父母的体谅与理解。

关怀与压力

　　显然，孩子们期待父母带给他们力量。在我们的调查中有这样一个问题——"监护人是否带给了你力量？"，答案并非都是肯定的。

　　　　　　　　　　　　图例：未填写 不确定 否 是

监护人是否带给了你力量？

想必各位家长会和我们一样吃惊于这个接近 25% 的选择 "否" 的比例。究竟发生了什么事情，会让孩子们有这样的感觉呢？

我们观察到的一些故事也许能对此给出一点解释：有一位挑战赛队员，顶着来自老父亲的各种压力，撇开顾虑，为孩子报名参加了戈壁成人礼。这位对孩子照顾得无微不至的单亲爸爸，早在进戈壁前就为儿子安排了全副武装的徒步训练。在戈壁上，孩子报名参加了兄弟连，完成任务后，领队要求他们走慢一点等等后面年龄小的孩子，但走得快的孩子们并不愿意，因为他们觉得，第一个出发，也一定要第一个到达终点，因此拼命赶路。这位家长则一心想着要提早到达给儿子搭好帐篷，因此奋勇当先超过了儿子。而被超过的孩子，却一下失去了兴致。

或许，父母自以为的 "爱的方式" 与孩子们需要的方式并不一致，因此孩子们才会有如上所述的选择和行为。甚至，有的时候父母的关爱和要求，反而会给孩子带来压力，而非动力（更多相关讨论请参见下一部分 "选择与压力：救援车的诱惑"）。

选择与压力：救援车的诱惑

玄奘之路戈壁成人礼活动有着完善的安全保障体系，其中最为重要的就是可在活动中随时随队待命、随时准备救援和收容的 "救援车"（又名 "收容车"）。在所有的戈壁徒步活动中， "上车" 几乎已经成了 "放弃" 的代名词。而 "上不上车" 也就随之成了最为艰难的选择。

没有选择的选择

从 2005 年到 2014 年，参加过玄奘之路戈壁徒步系列活动（商学院挑战赛、戈壁成人礼、刀锋领导力培训）的队员人数已经达到 6000 多人，其中年龄最小的 7 岁半，年龄最大的 78 岁，18 岁以下的青少年共计 380 人。我们在其中发现了一个有趣的现象：如果我们按照年龄分组，7 岁 ~ 18 岁为少年组，19 岁 ~ 35 岁为青年组，36 岁 ~ 60 岁为中年组，哪一个年龄组徒步走完全程的比例最高？（不同年龄组所走的路程距离有一定差异，少年组全程为 88 公里，青年组和中年组全程为 112 公里。）

看到这个问题，多数人的第一反应是青年组，因为他们年轻力壮；部分人的回答是中年组，因为他们的人生阅历造就的意志力足以支撑他们走完全程；但是几乎没有人会意识到，恰恰是少年组完成的比例最高！

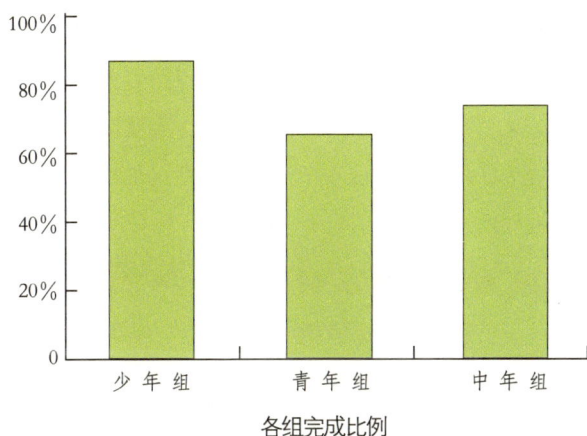

各组完成比例

原因何在？恰恰是一个巧合使得我们开始认识并关注一个意料之外但又在情理之中的原因。

2010 年 10 月，在第二届戈壁成人礼活动中，我们第一次实施 D1 和 D4 家庭结组、D2 和 D3 孩子们独立结组的徒步行进方式。D1 结束收队时，安全保障人员注意到，玄奘之路戈壁徒步活动五年来，第一次出现了全天没有一个队员上收容车的情况。此时我们并未太在意，认为这是家庭结组前进而家长们对孩子一路督促的结果。

D2 和 D3 两天，孩子们离开家长，独立结组前进，家长们也彼此结组前进。结果，D2 全天孩子们依然没有一个上车，但家长们已经开始纷纷上车了。这一天我们推断的结论是：孩子们体能恢复快、消耗小，他们的体力比我们想象的要强。

D3，家长们依然未能全部走完全程，孩子们当中，有一个十几岁的女生因为生理周期原因不得不放弃，中途上车，她的一个伙伴陪她一起坐车到了终点。晚上大家分享的时候，这个女生说到自己因为身体不舒服不得不上了"收容车"时，孩子们突然发出一阵惊讶的感叹：哦？还能上车啊！

这下子我们明白了，孩子们能坚持下来，完全是因为一个简单得不能再简单的原因：他们以为，自己别无选择！因为没有其他选择，他们只有坚持，所以孩子们一个不落地走到了终点。

不过，到了这个时候，和团队一起胜利抵达终点已经成为值得他们骄傲的成功，也成了他们追求的结果，所以，到了第四天，当要回归家庭带着父母向前走时，孩子们已经有了足够的自信心和责任感，所以最终的结果是，孩子们和他们的父母全部成功抵达终点。

基于此次的经验，我们在为第三、四届戈壁成人礼活动设计调查问卷的时候，专门设计了对孩子们和父母到达终点比例的统计，结果依然如此。甚至 33 个由玄奘之路公益机构资助、来自贵州贫困山区的"好校长成长计划"的受训校长，在他们并未认为"必须"徒步走完全程的时候，也有部分选择了放弃徒步，上车抵达营地。

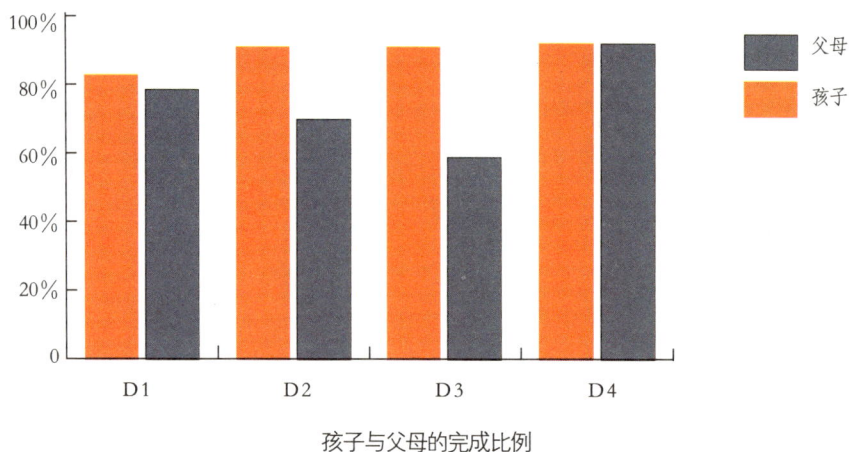

孩子与父母的完成比例

选择和坚持展现的是一种负相关关系。当没有选择的时候，坚持会变得比较容易。比如那些少年，他们"以为"自己没有选择；又如那些平均年龄超过40岁的中年人，青春岁月已经远去，他们理性地"认为"未来的生活里不太可能还有很多的选择，而唯一正确的选择往往是坚定而认真地走完脚下的路，所以他们徒步走完全程的比例也很高；最难走完全程的恰恰是刚刚大学毕业的年轻人，对于他们而言，选择的机会还有很多，而选择一个就意味着放弃另一个，这样看来，拥有选择的机会，坚持往往就变得比较困难。

放弃的压力

当成人礼项目更加成熟的时候，"上车"便不再是一个秘密了。这个时候，放弃似乎变得更加容易，而坚持则变得更难。那么，实际情况果真如此吗？父母在其中又扮演着怎样的角色？

一个领队讲述了这样一个故事：第三届成人礼的第二天，一个10岁的小队员因为鞋子不合适，脚非常痛，渐渐落在了队伍的后面，我们的领队和志愿者陪着她。孩子越走越慢，按理性判断，孩子应该放弃了。但按照成人礼的规则，领队不能替孩子做出放弃的决定，必须由孩子的家长或者孩子本人自己决定退出方可。当时用对讲机呼叫不到孩子的家长，他们的手机也关机了，因此领队征求孩子自己的意见，是坚持还是放弃。孩子一直沉默，没有表态，但是走得更慢了。

领队试图引导孩子理性思考做个选择，对她说，你必须做出一个决定，坚持还是放弃。如果选择坚持，你会很高兴地和小伙伴们一起到达终点，但你必须承受脚上的疼痛；如果选择放弃，你会马上轻松，不必承受疼痛，但你必须承担可能来自伙伴们目光的压力。这两个选择都有收益，也都要承担不同的压力（风险）。你怎样选择都可以，但选择正确与否，取决于你是否做好准备承受与这种选择相伴的压力。

听到这里，这个孩子突然放声大哭。领队意识到，这其实是孩子心中最纠结的地方。孩子们想获得任何一种收益，但没有心理准备去承担任何一种压力。

这是不是孩子心态和成人心态的一个重要区别呢？（从这个意义上说，是否每一个成年人都真正具有了成熟的成年人心态呢？）

而我们更为关心的是，在类似的情况下，本身也承受着身体与心理双重压力的家长们会作何选择？对此，我们搜集了一些案例，以观察父母不同的应对方式对孩子会产生怎样的影响。

有一位老戈友带着两个孩子（其中一个是孩子的朋友）来到戈壁。她自己孩子的膝盖有伤，也比较胖。而孩子的朋友自理能力又比较差，她要花很多时间来照顾孩子们，自己又刚做过手术，让本身好强的她压力比较大。后来孩子因伤上了救援车，她也一起上车了。在车行过程中，这位妈妈一直在和孩子强调"你上车了，所以妈妈陪你上车了"。孩子的朋友则走完了全程。

还有一位小队员，年龄不大，第一天就掉队了，而爸爸误认为孩子走在前面，所以拼命往前赶，在对讲机中也呼叫不到。孩子的速度一直很慢，无论领队怎么建议都不愿意上车，也不愿意领队帮他背包。领队们心里有了一种隐隐的感觉，可能是平时家长对他要求比较严格，给了他很大压力，让他不敢自己做决定。到达营地后，他对心怀愧疚的爸爸大发脾气。不过第二天，他还是帮爸爸打了一份饭。第三天，小腿到脚踝全部肿痛的他还是上了收容车，此时他却发现，他的父亲早已经放弃了，就坐在收容车里。父亲看到他更加惊异，但却什么也没说，只是沉着脸。最后一天，领队建议这个孩子先坐一段车，再继续徒步。孩子比父亲先到达终点，并没有等待父亲，自己上车回到敦煌。

第三个案例就是我们前面提到的那个10岁小女孩故事的后续：孩子还是没有做出选择，但领队不久就联系到了孩子的父母。孩子的父亲很快来到身边，同样对孩子说了这样一段话（父亲和领队并未对此提前进行沟通）：父亲引导孩子说，你愿意选择放弃么？孩子静悄悄地点点头。父亲宽厚地对孩子说，没问题，爸爸和你在一起，帮你承担放弃的压力！这个孩子终于笑着上了收容车。剩下的两天，她以很好的状态走完了全程。应当说，在关键时刻，领队和父母从理性与情感两个方面给了这个孩子有力的支持。

面对艰难的选择，是传递压力、制造压力，还是分担压力？由于每个人的性格、所面对的具体情况都不尽相同，我们不想简单地评判这些做法的高下优劣，只是希望读者们能够从中获得一些启发。

目标设定与成就动机

在我们对家长的跟踪调查问卷中，家长们认为戈壁成人礼最大的影响是让自己的孩子"懂得坚持"（53.17% 的人认为非常有影响，36.96% 的人认为有影响），其次是"增加自信"（43.48% 的人认为非常有影响，41.3% 的人认为有影响）。还有不少家长指出，这个活动让孩子的"个人成就感更强"、"变得更成熟，更喜欢挑战"、"更加阳光，更加积极地面对压力"、"变得独立，不再闹情绪，会自己解决问题"，乃至"对人生更有目标"。

这些变化是如何发生的？背后又有哪些过程和原理？我们尝试用几个彼此关联的理论对此做出解读：

期望价值论

从动机到行为是一个复杂而系统的心理学命题，这个命题几乎可以由现代心理学的各个学派、从各种不同的角度来进行解读。我们可以将戈壁成人礼作为一个案例来观察，动机是如何产生的？它和行为的关系如何？而自我又是怎样在实施行为的过程中实现自我调节的？更进一步，这种动机、行为和自我调节的过程，是否会影响甚至改变参与者的精神世界和心理模式？通过这些分析，我们试图对这样一些问题做出解释，即为什么会有那么多的人——包括孩子——去选择戈壁徒步这样一个近乎自虐的行动，甚至乐此不疲？他们在这样的行动中收获了什么？为什么很多人甚至会说"玄奘之路戈壁徒步，改变了我的一生"？

从动机心理学期望价值论的角度看，动机＝期望×（目标）价值。也就是说，人们选择一个目标的动机取决于"他们认为实现这个目标的可能性的大小"和

"他们心目中这个目标的价值"这两个因素的乘积。如果人们认为自己能够达成目标，并且这个目标的价值很高，他们就会产生积极的期望和较强的动机，反之则会产生消极的期望和较弱的动机。在极端情况下，如果这两个因素中有一个是零，那么就不会产生任何的动机，目标也就不会达成。

因此，如果我们要增加动机的强度，既需要在实现目标的可能性上下功夫，又需要在提高目标价值上下功夫。如果用百分比来表示，实现目标的可能性只能在 0 和 100% 之间，不可能超过 100%。但目标的价值却可以是一个在负无穷与正无穷之间的任意数字。显然，如果一个目标是可以实现的，而其价值是正无穷的，这样的目标将是最能够让我们产生强大动力的目标。

那么，什么样的目标的价值是正无穷的呢？动机心理学家认为，同样的目标可以被不同的人知觉为不同的抽象水平，也就是说，有些人对目标的理解是精确而具体的，而另一些人的理解则是广泛而抽象的。一般来说，那些用广泛而抽象的语言进行描述的目标，会被认为比那些用精确而具体的语言描述的目标更有价值。比如一个著名的励志故事所讲述的：

国王看到三个泥瓦匠在一片空地上干活，便问他们："你们在做什么？"第一个人粗暴地回答："我在垒砖头！"第二个人有气无力地说："我在砌一堵墙。"第三个泥瓦匠则热情洋溢、充满自豪地回答："我正在建造一座宏伟的寺庙，奉献给伟大的神！"

在最普遍的情形下，人们的较高目标是围绕着他们想要成为的人来设定的，也就是围绕着他们心目中"理想的自我"来设定，例如，一个人可能想努力成为"独立的人"、"成功的人"、"被神眷顾的人"或者"一个好人"。像这样的与价值观判断相关的自我目标已经经过了大量的研究，通常被认为是人生中最有价值的目标。

显然，我们都希望自己成为那第三个泥瓦匠，但要成为他首先要有能力在自己心中描摹出那座宏伟的寺庙，甚至抽象出那位伟大的神，也就是建立价值观。

从认知心理学的角度看，人的信念和价值观完全是可以培养的。

我们用这个"期望—价值"结构理论去分析第五至八届成人礼活动中通过"动机、行为与效能"调查问卷获得的数据，结果很有价值。

在每届成人礼的集结日D0，问卷中都有这样一个问题："未来四天，酷热戈壁上的近百公里陌生区域徒步行程，你能全程走下来么？"在第五至八届成人礼的调查中，选择"我一定能走下来"的占到76%，只有4%的人选择"我肯定走不下来"（第三、四届无人选择此项），1%的人选择"我恐怕走不下来，试试吧"，剩余19%的人选择"我不确定，但我会尽力争取"，对活动仍有着比较积极的态度。也就是说，如果我们套用动机公式，在"能否实现目标"的期望方面，绝大多数人的选择是100%，只有极少数人选择了0。这很好理解，认为自己肯定走不下来的，大部分不会选择来参加戈壁成人礼，他们没有任何动机，也很难得到较好的结果。

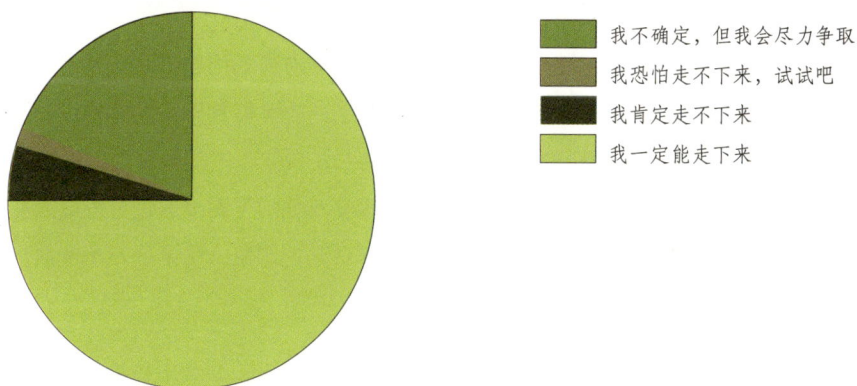

图例：
- 我不确定，但我会尽力争取
- 我恐怕走不下来，试试吧
- 我肯定走不下来
- 我一定能走下来

"未来四天，酷热戈壁上的近百公里陌生区域徒步行程，你能全程走下来么？"

戈壁成人礼并不是一次违反人类体能极限的挑战，如果中间不放弃，大部分人是可以走完的。所以，成功与否基本上取决于"坚持"或"放弃"的行为。因此我们把"成功走完全程"作为一个标尺。实际完成情况如何呢？选择"我一定能走下来"的队员，实际完成率是94.1%，选择"我不确定，但我会尽力争取"的完成率也高达92.9%，选择"我恐怕走不下来，试试吧"的完成率是

66.7%（此项样本只有 3 个，或许不具有普遍代表性），而选择"我肯定走不下来"的，完成率只有 44.4%。

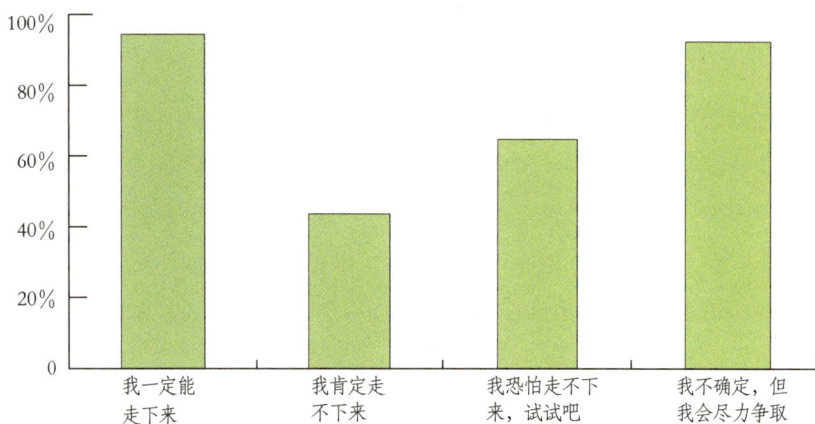

抱有不同信念孩子的实际完成率

（x轴标签：我一定能走下来　我肯定走不下来　我恐怕走不下来，试试吧　我不确定，但我会尽力争取）

　　再看看目标的价值。我们原本没有专门设计这方面的问题，但在利用上述动机公式进行统计研究的时候，我们却注意到了一个可能具有启发性的相关因素。在 D0 问卷中都有一个问题，即"戈壁成人礼在你心中的印象是什么？"我们提供了一些选择，被调查的队员也可以提交其他的答案，而在戈壁成人礼活动结束之后，我们再次询问了他们对于这一活动的印象。结果是：出发前，得票最高的选项是"挑战"，占到 40.7%，其次还有"刺激"（18.8%）、"户外旅行"（14.9%）、"好奇"（10.4%）、"成熟"（8.1%）、"浪漫"（2.9%）等。而结束后，选择"挑战"的比例迅速提升到超过半数（53.3%），选择"成熟"的上升到 13.2%，而选择其他选项的比例大多有所下降。

　　我们原本没有想到会有这么多的人选择"挑战"，选择它的人数是排在第二位的"刺激"的两倍还多（换个角度理解，"刺激"也是"挑战"）。但是结合"期望—价值"公式，这个结果就很好理解了：

　　"戈壁成人礼在你心中的印象"，某种程度上也反映了它在小队员心目中的"价值"。"挑战"属于意志品质，属于价值观范畴，无疑是更广泛更抽象的目标，因此它比具体的旅游或其他户外活动有更高的价值。

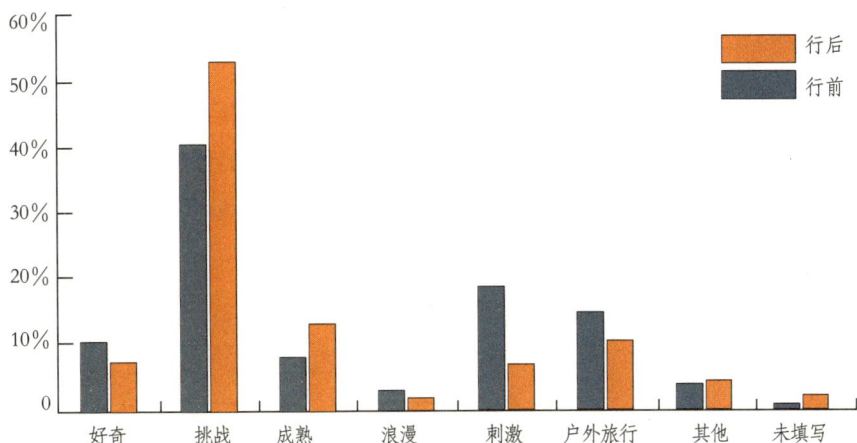

"戈壁成人礼在你心中的印象是什么？"

还有哪些价值更高呢？

第三届戈壁成人礼中有这样一个案例，来自队员家长的真实记录：一个13岁的孩子，165厘米的身高，165斤的体重。在D1、D2的徒步中带病坚持，D3时参加了兄弟连，提早出发冲锋，为大部队搭建补给站。当家长抵达补给站的时候，体能透支的他只对父亲说了两句话："我完成了兄弟连的任务。我要上车。"不过最后，他还是在队友的鼓励之下，下车完成了徒步。从这个案例中，我们不难看出，在他心里，"为大部队保驾护航"显然比自己走完要重要得多，以至于当这个重大目标达成后，他自己能否走完已经显得不那么重要了。

既然动机＝期望×（目标）价值，而期望已经得到了最高值100%，那么（目标）价值就成了更加具有决定性的因素，目标价值越高，动机就越是强大。

前面已经提到，人们的最高目标都是围绕着其"精神自我"而设立的，价值观、信念等通常被认为是最有价值的目标，这一点已经被许许多多的心理学研究所证实。但想要激发出这样的追求并不是一件很容易的事情。

从这个意义上看，戈壁成人礼正是因为有效地激发了孩子们对这种"精神自我"的追求，触动了他们价值观层面的思考，方才在贫瘠和艰苦中显得魅力无穷。

目标设定

根据洛克（E.A.Locke）的目标设定理论，目标本身就具有激励作用，人们会根据目标难度的大小来调整努力的程度，目标的难度将影响行为的持久性。同时，目标的难度、清晰度、个体是否参与目标的设置，都是目标实现的重要的影响因素。

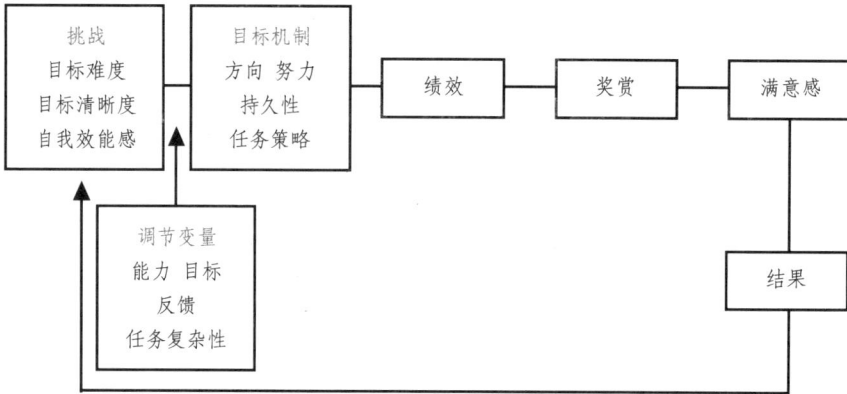

目标设定理论

自己选择来参加戈壁成人礼的队员（指的是在"决定参加戈壁成人礼，最主要是谁的愿望？"中选"C.我自己"的队员，另外两个选项分别为"A.父亲"、"B.母亲"）占到整体人数的一半，而且他们对于走完全程的信心也比并非自己选择参加的队员要强。

"单选C"，意味着被调查者刻意强调参加成人礼主要是自己的决定；"多选C"偏重于强调这是被调查者和父母共同的愿望；"未选C"则意味着这更多是父母的愿望，而不是被调查者的愿望。显然，自己决定来戈壁的孩子，有信心走完全程的比例最高，实际完成情况也更好。而依父母的意愿来到戈壁的孩子，走完全程的信心明显低于那些自主选择的孩子。

可见，参与目标设置与被分配目标相比，更有益于孩子们建立较高的目标并取得较好的成绩，因为参与目标设置本身就强化了对目标的承诺。这与企业管理的相关理论也是一致的。

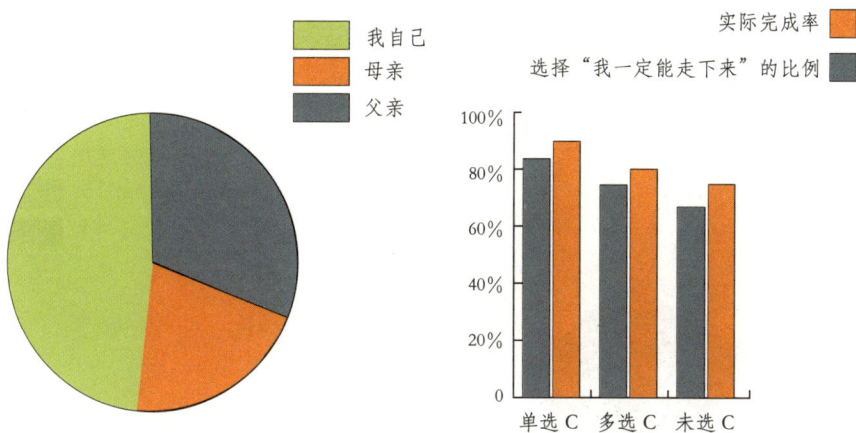

"决定参加戈壁成人礼，最主要是谁的愿望？"

主观愿望与完成信念、完成率的关系

刀锋领导力实践中心在设计戈壁成人礼活动时，同样注重帮助参与者们设置更加科学合理的目标：

1. 合理的目标难度：当成败可能性均等时，才是一种能从自身的奋斗中体验成功的喜悦与满足的最佳机会——不是真正意义上的极限运动，却是"咬一咬牙"才能走完的旅程。

2. 清晰而具体的目标指令——完成 80/88 公里的徒步，到达终点。

3. 将长远目标分解为阶段目标：实现一个短期目标可以使人较快地看到自己的进步，看到自己的努力和成绩之间的关系，并产生不断进取以达成下一个目标的愿望——每天安排合理的徒步距离，中间设置补给站，并在营地安排休整。

我们再来看看单纯走完和挑战更高目标之间的关系。兄弟连在这方面似乎更有发言权，和大部队几乎不限时的徒步相比，他们需要提前出发，赶在大部队到达前架设桥梁或者搭建补给站。约有 36% 的孩子表示愿意参加兄弟连；25% 的孩子愿意参加，但是怕拖后腿；33% 的孩子明确表示不愿意；剩下 6% 未表明态度。选项分布基本比较平均。

我们也希望了解,这种明确、紧迫、更高的任务目标,对孩子们有什么影响?

结论是,58% 的孩子认为兄弟连会让他们走得更快、更轻松;37% 的人认为没有什么影响;只有 5% 的人认为会让他们走得更慢。

未填写	
愿意,但怕拖后腿	
不愿意	
愿意	

你愿意参加"兄弟连"吗?

没什么影响	
更慢,压力使我更辛苦	
走得更快、更轻松	

兄弟连有明确并且紧迫的任务目标,这对你今天完成徒步有什么影响?

这恰恰印证了洛克提出的"挑战性的目标是激励的来源"理论——当困难的目标被接受时,会比容易的目标获得更佳的绩效。

自我效能感的再强化

自我效能感是指人们对自己实现特定领域行为目标所需能力的信心或信念。它和成就动机理论及目标设定理论均有联系——高的自我效能感可以提高目标设定水平,强化目标承诺,从而提高绩效。很多学者也将自我效能感作为一个中介变量,与成就目标交互作用,从而产生与成就相关联的行为结果。

选择参加戈壁成人礼的孩子,普遍具有较强的自我效能感,更愿意迎接这种挑战。

成功的经验能提高个人的自我效能感，而其他人的间接经验，比如父母、领队的言语引导，也对自我效能感的提升起到了积极作用。因此，参加戈壁成人礼的孩子们，可以通过这一次成功的体能实践和沟通实践提高或再强化个人的普遍自我效能感，进而为其今后的人生带来以下影响：

1. 行为选择。积极的自我效能感使人倾向于选择更有挑战性的目标，做出积极的承诺，并促进执行力等能力的发展。

2. 努力程度。自我效能感越强，其努力就越具有力度，越具有持续性。

3. 思维模式和情感反应模式。有充分自我效能感的人会避免产生心理压力，将注意力和努力集中于情境的要求上，而不是个人不足。他们能理智地看待困难，并被障碍激发出更多的努力，运用其能力实现目标。

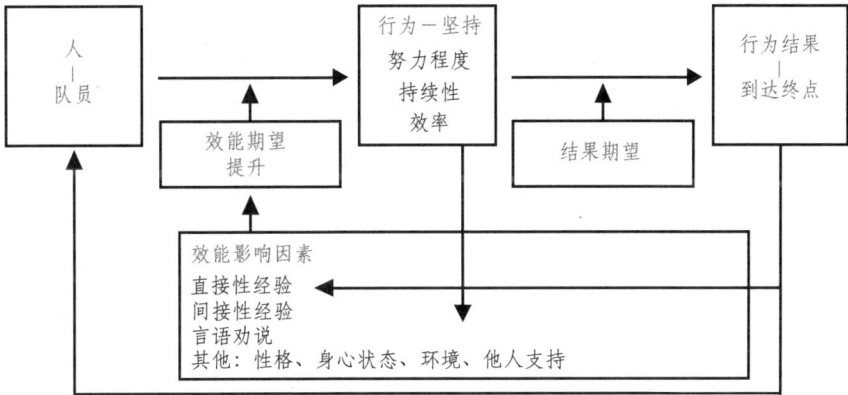

自我效能理论

自我计划与自我激励

"在路上"的收获，往往比走到终点更为重要。86.96％的家长认为成人礼对孩子"提升遭遇挫折后的调节、复原能力"有影响或非常有影响，73.91％的家长认为成人礼对孩子"变得积极乐观、会自我激励"有影响或非常有影响，65.22% 的家长认为成人礼对孩子"懂得自我规划并具约束能力"有影响或非常有影响。

那么，孩子们在活动中又是如何进行自我计划和自我激励实践的呢？

计划与变化

从 D0 开始，每天晚上，孩子们都要对明天能否走完全程、走完全程的时间做一个计划和预估，第二天晚上结束的时候，再把实际完成的情况填写在问卷上，随后再预估下一天的。这样，在统计问卷的时候，我们可以把每天的计划和实际完成情况做一个对比，也可以观察小队员在这四天当中是否有意识地针对计划进行了反馈，并及时在行动中做了调整。我们将预期完成率和实际完成率做了一个对比。

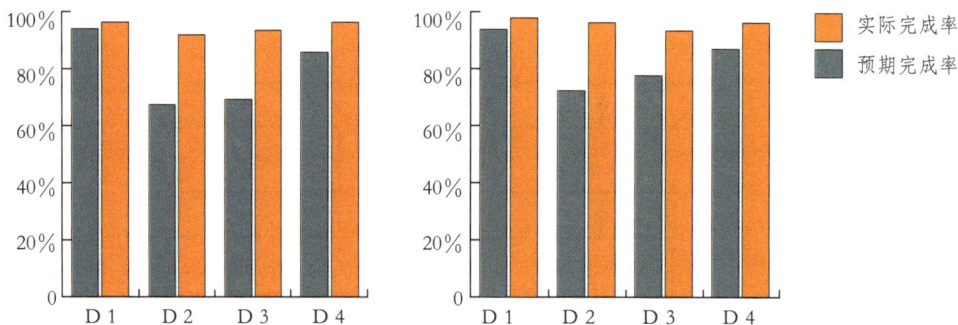

预期完成率与实际完成率的对比（左为第五、七届，右为第六、八届）

可以看出，小队员们都在第一次预测时表现得最乐观，但真正完成 D1 徒步后，戈壁严酷的环境和长距离徒步的体能消耗还是让他们对于自己的能力产生了一些怀疑——他们对之后一天的徒步信心陡然下降。但随着活动的开展，他们的信心也逐渐回升。而且，相对于小队员们的预期，实际完成情况总要更好一些，这对他们恢复信心和自我调整是有积极价值的。

我们可以看到，第六、八届成人礼队员与第五、七届的队员相比，对于 D2、D3 徒步的信心似乎更强一些。原因可能是前者第一天的徒步距离很长，和按惯例徒步距离最长的第二天只差 5.8 公里（而后者第二天要多徒步 9 公里），已经完成的高难度任务增强了他们的自信。

除了预估自己明天能否走完全程，小队员们还要预估自己明天走完全程的时间大致是多少，并在每晚的问卷中记录自己实际完成的时长。调查问卷以每半小时为一个时间单位，设置十个选项（每天根据路程长度调整选项的时长范围）。

以下就是我们将每天的预估和实际完成情况进行的对比（由于两种路线每日的行程和用时不同，我们对第五、七届和第六、八届进行了分别分析）：

首先来看第一天的情况。第五届和第七届的徒步里程是 17 公里，地貌主要是盐碱地和丘陵，小队员们对自己究竟需要多长时间才能到达终点的预期比较分散，但主要为 2.5～6 小时。第六、八届的徒步里程更长一些，有 21.4 公里，因此预计时间也偏长一些，为 3～7 小时。当然，依然有孩子非常乐观地选择了"2 小时"——每小时 10 公里的速度在他们看来似乎是小菜一碟。

实际上，孩子们当然还是过于乐观了。第一天，绝大部分队员的实际完成时间为 3.5～7.5 小时（虽然第六、八届里程稍长，但比第五、七届的路况好），整体比预期时间略晚一些。

我们将所有四日的预期和完成时间填写出完整的数据，进行相关性计算。这个相关性可以基本反映出孩子们平均的预测准确程度。而这一天的相关系数分别是 0.659 和 0.511，第五、七届的小队员预测得稍微准确一些。

孩子们能从这个对比中得到什么呢？他们会利用自己的实际经验，很快地修正自己的计划吗？

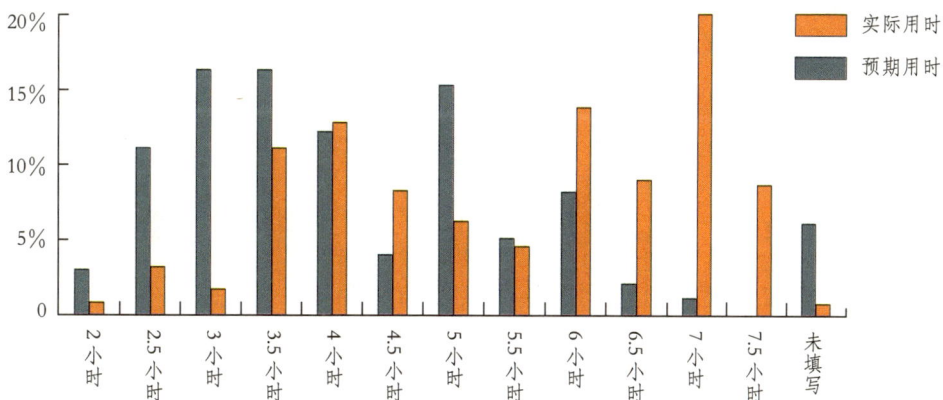

第一天徒步预期完成时间与实际完成时间对比（第五、七届）

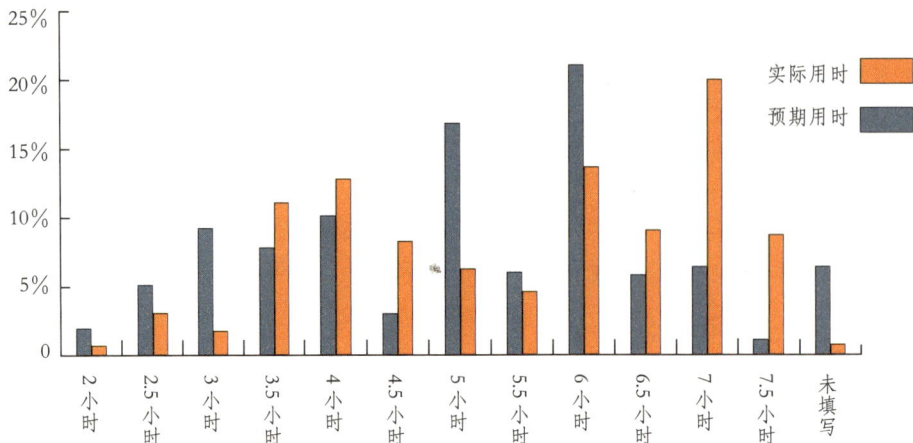

第一天徒步预期完成时间与实际完成时间对比（第六、八届）

之后一天，显然，绝大多数小队员都根据自己在 D1 的实践经验调整了 D2 的计划，第五、七届的队员所预测的时间明显集中在 6 ~ 9 小时，第六、八届预测的时间值分散一些，从 5 小时到 10.5 小时都有较多人选择，D2 的数据显然比 D1 要理性得多。

但是他们显然没有意识到，距离更远了，完成时间并不是等比例增加，而且，第六、八届的小队员对即将面临的艰苦的盐碱地也没有准备。D2 结束后，实际完成时间普遍比孩子们的计划延长了两个小时左右，多数分布在 7.5 小时到 10.5 小时之间，第六、八届的完成时间还要更长一些。尽管如此，这一天的预测情况与实际情况相关系数，第五、七届从第一天的 0.659 上升到了 0.794，第六、八届则从 0.511 上升到了 0.628。可见预测还是更加准确了。

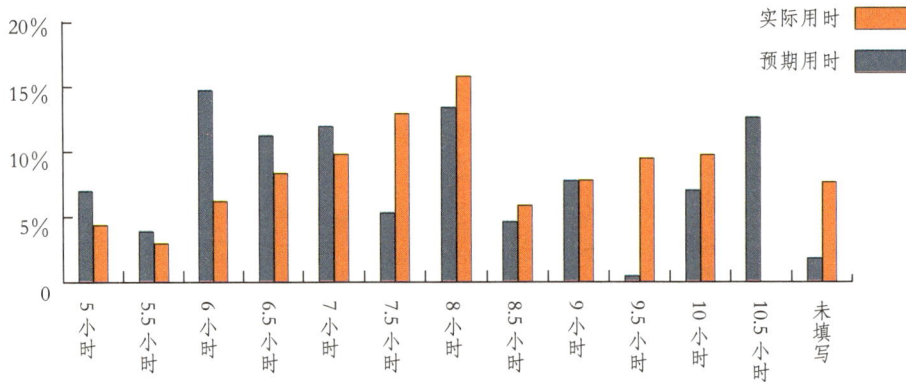

第二天徒步预期完成时间与实际完成时间对比（第五、七届）

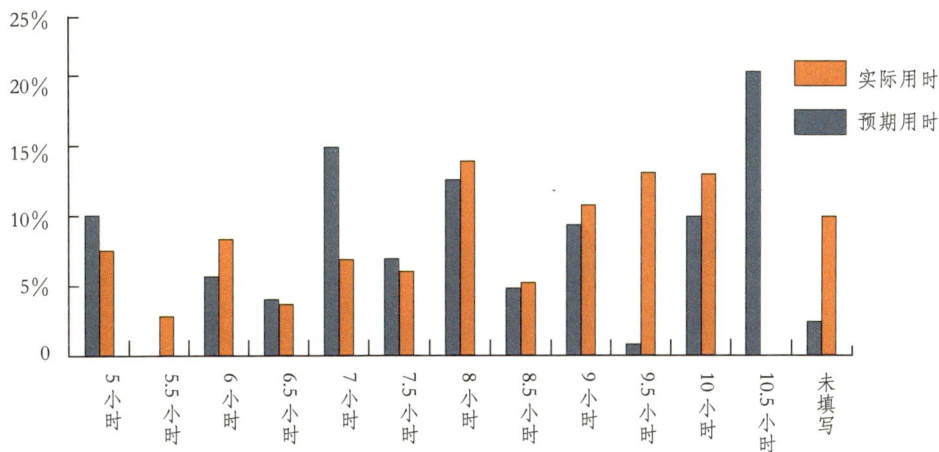

第二天徒步预期完成时间与实际完成时间对比（第六、八届）

再看他们当天晚上（D2）对次日（D3）的预期：

这一次，大家对自己能力的预估又略有降低，第五、七届集中在 7～10 小时，最长的 11.5 小时也有一些人选择。实际完成情况是绝大多数队员用了 6～10 小时到达，可以说超出预期完成了任务。而预期与实际的相关系数是 0.772，基本维持了昨天的水平。

第六、八届的预测则为 6～11.5 小时，各选项的选择人数相对平均。不过，他们中的不少人还是预测得稍显乐观。实际完成时间多集中在 7～9 小时。预期与实际的相关系数有大幅度提升，达到 0.725。

看来，经过短短两天的实践，小队员们就能通过自我反馈迅速地调整自我预期，做出符合实际的计划了。

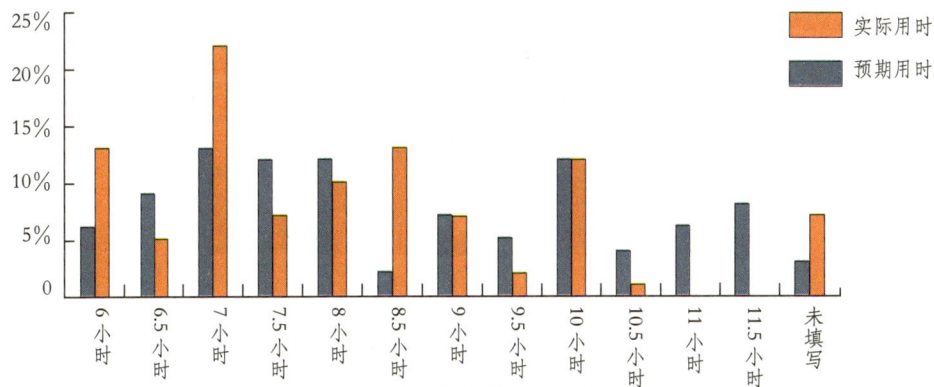

第三天徒步预期完成时间与实际完成时间对比（第五、七届）

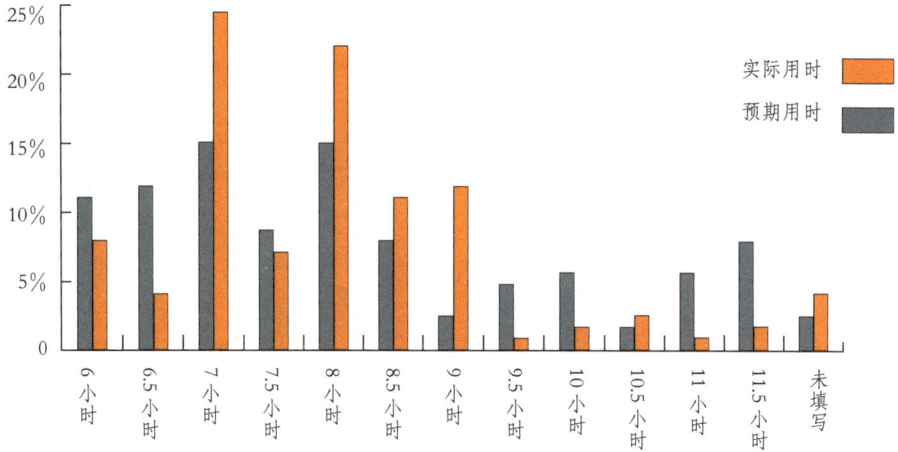

第三天徒步预期完成时间与实际完成时间对比（第六、八届）

最后一天，他们的预测会依然这么准确吗？

让我们惊讶的是，到了最后一天，预期与实际的相关性普遍有所下降。

第五、七届预测过于乐观——或许是13公里的微不足道让他们有些自负了，忽略了前面三天大量的体能消耗，相关系数略有下降（0.705）。

而第六、八届则与之相反，他们的实际完成情况远远好于预期，相关系数因此大为降低（0.482）。

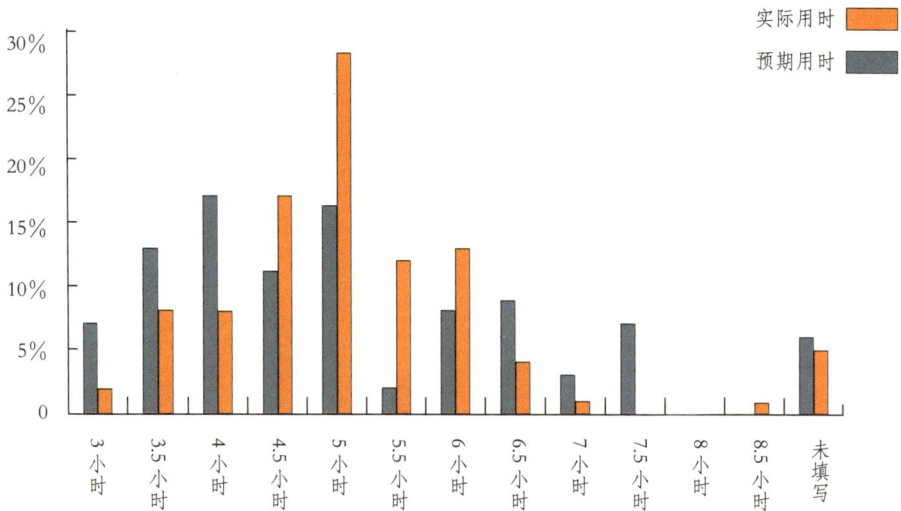

第四天徒步预期完成时间与实际完成时间对比（第五、七届）

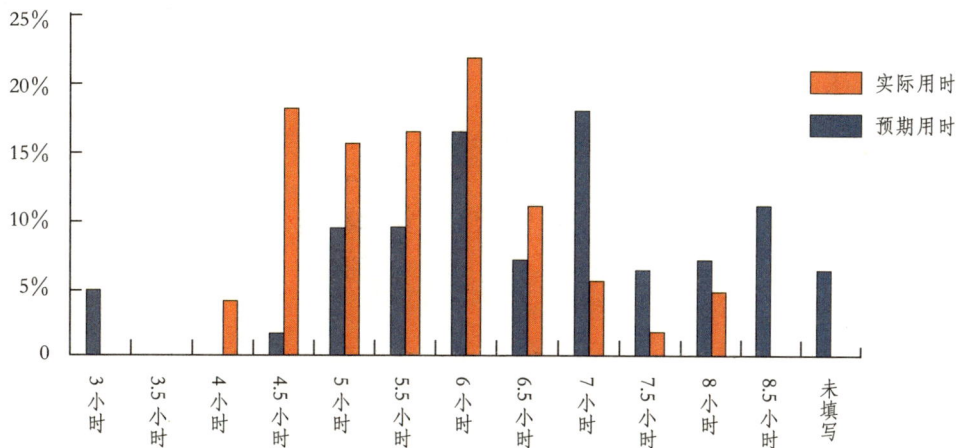

第四天徒步预期完成时间与实际完成时间对比（第六、八届）

以下是这四天预期与实际完成时间相关性的总表，可以清晰地看到每天的变化情况：

D1 ～ D4 预期与实际的相关系数

相关系数（预期与实际完成时间）	D1	D2	D3	D4
第5、7届	0.659	0.794	0.772	0.705
第6、8届	0.511	0.628	0.725	0.482

此外，我们发现，父母参加过其他戈壁项目的孩子，由于从父母处得到了更多关于戈壁的信息，对于第一天的完成情况似乎有更为准确的预测，相关系数为0.613，而父母没有参加过的，这一相关系数则是0.566。但两者的差异很小，远比通过不断"预测—反馈—调节"取得的进步要小。

自我激励

我们在每日的调查问卷中要求孩子们设想一下，"如果明天途中你想到放弃，你会用什么办法来激励自己？"而在第二天则要求孩子们回答"想想昨天设想的在行程中激励自己的办法是什么？今天所用的果然是这个办法么？"我们对孩子们曾经使用过的所有激励方法做了统计。

孩子们的自我激励方式

激励形式	精神／物质维度	细分类型	具体实例	计数
外部激励	精神激励	父母鼓励	来了，就不要再放弃了，妈妈鼓励我要学会坚持。	81
			坚持就是胜利，我们家老张要我微笑面对一切。	
		队友鼓励	与队友相互加油鼓劲。	
			队长帮我背包，不断鼓励我。	
		领队鼓励	领队给我加油啦。	
			我们的领队跟我击掌加油。	
		团队认同	不能给其他队员和整个团队添麻烦。	
			我们小队等我一起前进。	
	物质激励	完成奖励	为了普吉岛。	46
			如果我走下来，爸爸就会带我去吃哈根达斯。	
		领队鼓励	领队叔叔偷偷鼓励我，还给我路餐和水果。	
			亲人啊！谢谢领队给了水并帮我加油。	
内部激励	精神激励	目标引导	为了父母，为了自己，为了对得起成人礼和未来。	119
			我一定要走完，不留下失望。	
		自我鼓励	我是最强的，我会自己鼓励自己一定要坚持下去。	
			我是王者，面对困难没有后退的选择。	
		自嘲	走不下来，我就太丢人了。	
			停了就是废物啦。	
		转移注意力	想象前面的风景，在路上收集石子。	
			我会想象自己在终点与队友们共同为自己的努力而庆祝的场面。	
	物质激励	食物诱惑	鸡翅、蛋糕、牛排、可乐，我来了！在营地等着我。	27
			我闻到羊肉汤的味道啦。	

从中可见，孩子们想出的自我激励方式非常丰富。从内外这两个维度看，内部激励比外部激励略多一些，从物质和精神角度来看，精神激励比重更大。

如果有强烈的成就动机，孩子们的计划和执行能力，在经过扎扎实实的实践之后，完全可以产生令人惊奇的快速进步。

心智模式与"深潜"实践

● 走过戈壁才发现，原来疼痛能使我更加真实地知道我的存在。

● 妈妈，现在我知道了，原来生命中还有比爱情更重要的事。

● 有些选择，无关乎生命，但是比生命更重要。

● 人生就像走路，有上坡也有下坡……

以上这些感悟都出自四天的戈壁徒步之后孩子们在成人礼仪式上的发言。很难想象这些富有哲理的话语都是从十几岁的孩子口中道出的。

戈壁的环境空旷苍凉，行走的过程艰苦寂寞，所观察到的生态与平日里的完全不同。全身心的抽离和沉浸，带来了一种独特的体验和感悟。

第四届戈壁成人礼中，每个小组都选派了一名队员做通讯员，每天晚上到达营地之后，通讯员会提供一篇本组的通讯报道。这些文章也给我们提供了一些机会来观察孩子们对每天行走的感悟。比如：

> 在崎岖的盐碱地里上上下下，我很难想象丛丛骆驼刺间那些黄羊的足印是如何留下的，要经过这片针刺，它们想必会遍体鳞伤；而要吃这些东西的骆驼，则可能遍嘴鳞伤。我只是触碰就畏惧于疼痛，这在此显得如此懦弱和卑微。

> —— 谭天一《骆驼刺》

以下文字则摘选自一位通讯员连续几天的报道，让我们通过孩子们自己的眼睛，来观察他们在几天的戈壁徒步中发生的心灵变化。

这位通讯员的笔名叫"眼睛"。

第一天，直线距离14.4公里的河床和戈壁，"眼睛"在思考。

其实我一直在思考，为什么要与父亲一起走这段路。很艰苦，很脏，很累，整个二队就只有我一个女孩。可是我还是来了，并不曾为此后悔。

在这段路上，我一直思考着为什么，我只是隐隐感觉到我需要一个答案。甚至对于条件和问题我都是模糊不清的。我想那并不是一个轻松的问题，也许是关于梦、关于远方、关于生死谜和手足情的。无论如何，我有一种奇妙的预感，那个在渺远时空中的答案，我会在这片土地上找到。

…………

尽管不知道，她还是走完了这21公里的路途。

这片土地对我们来说有一种致命的吸引力。是那个答案，关于不能预测的人生行走的答案，引领着我们的灵魂勇往直前，永不言弃。

第二天，直线距离22.4公里的河床、戈壁和丘陵，"眼睛"在寻找。

关于我的问题、我的答案，我隐隐有了方向——这一路行走与人生何其相似。尽管艰苦，尽管让我们筋疲力尽，我们却一直向前，无所畏惧。因为一路的欢声笑语，我们始终不曾绝望；因为沿途的壮丽奇景，我们沉醉于自然的神力；因为遥远天际始终浮现出的白色营地，如同那个答案一直引导着我们去找寻。

我想那是有关生存的感觉、生命的路途的。我想我们在接下来的旅程中，一定会更加深刻地感觉到。

第三天，直线距离17公里的戈壁、丘陵和山谷，"眼睛"在发现。

在几乎是半迷糊的状态下，懵懵懂懂之间那个答案倏然撞入脑海。我们忍受这饥渴、劳累，坚持不懈地在这片戈壁上行走，无非是为了寻找生存的感觉和生命的意义。

生存的感觉不限于肢体的疼痛，也许是濒临极限那一刻的突破，也许是泪眼蒙眬中忽现的美景。无论如何，在这里我们能非常深刻地感觉到自我和生命的存在。

戈壁的生活和都市中大相径庭。我想到这次的旅程即将结束，忽然有些害怕现实中铺天盖地的压力和作业。我想，我们也是在用一种与普通生活完全不同的方式去试图寻找生命的意义。这是一种对于现实生活的青少年式抗拒，也是人类对于生命这个深奥命题的永恒追寻。

这些观察和思索的过程，同样也是探寻和建立健康的心智模式的重要过程。

心智模式，简而言之，是人们由于成长环境、人生阅历、知识素养等方面的影响，在长期的生活中所形成的某种特定的价值观、思维方式、行为习惯，它决定着人们如何看待问题、思考问题、解决问题，是人的综合能力与素养的反映。

人的心智潜能犹如一座漂浮在水面上的巨大冰山，能够被外界看到的行为表现或应对方式，只是露在水面上很小的一部分，而水面之下更大的山体则是长期隐藏并被我们忽略的"内在"。而在戈壁的四天，孩子们会自觉与不自觉地"深潜"，让头脑和心灵之间、自然与生命之间展开默契对话，让它们重新建立和谐关系。

个人表现		行为
行为与技能		
态度（积极、消极）		心态
思想（头脑与心灵）		
情感（快乐与痛苦）		
感觉（感官敏锐度）		心理和生理
健康与体能（是否有力量）		
梦想与目的（因何而为）		心灵
信念或信仰（精神或灵性、价值观）		

心智模式

揭开冰山的秘密，我们会看到生命中的渴望、期待、观点和感受，看到真正的自我。

自我意识与同一性危机

"走过戈壁才发现，原来疼痛能使我更加真实地知道我的存在"，"眼睛"也在几天的戈壁徒步中发现了自我和生命的存在。那么，这种自我意识，对于青春期的他们又有着怎样的作用？

这里要提到美国心理学家埃里克森著名的"心理社会性发展模型"：人

在一生中的特定阶段会产生不同的特定需求，如果这些需求被满足了，那么个体的心理状态就会顺利地发展到下一个阶段；如果未被满足，那么心理状态就会停滞甚至倒退，产生不同的以心理—社会冲突为特点的心理问题。埃里克森将人生分为八个阶段，每一阶段都有最需要解决的问题，青春期就是其中一个非常重要的阶段。

八个生命阶段及其相应特征

生命阶段	心理—社会冲突	特 征
第一年	信任与不信任	当婴儿受到温暖持续的照顾时，他就能建立起信任感；缺乏照料或照顾不够则产生不信任感。
1～3岁	自主性与羞怯怀疑	当鼓励儿童探索自我和环境时，自主性得以发展；当儿童的探索受到抑制时，羞怯感和怀疑则会产生。
3～6岁	自发性与内疚感	当鼓励儿童进行各种尝试时，他们的自发性就得到促进；如果嘲笑或过度批评孩子，就会使他们产生内疚感。
6～12岁	勤奋与自卑	儿童受到表扬就会获得勤奋感，而当他们被认为努力不够或表现差劲时就会令其产生自卑感。
青春期	同一性与角色混乱	个体面临一个关键问题："我是谁？"拥有可靠的、统一的特性的个体就达到了同一性；否则即面临角色混乱。
成人早期	亲密与孤独	这个阶段的关键问题是建立一种承诺和亲密的个人关系。这个过程出现失败将导致孤独。
成人中期	生殖与停滞	通过工作或抚养孩子来为社会做出贡献，为未来创造人口。如未能达成将导致过度关心自己或认为生活是无意义的。
成人后期	完整与绝望	回顾生活有满足感，则能够有尊严地面对死亡。如果遗憾成为主导，此时的个体将会感到绝望。

青春期可能面临的最大危机被埃里克森称为"同一性危机"，这一时期的个体最需要解决的问题就是"我是谁？"。刚刚脱离孩童时期，青春期的个体必须在那个"不懂事"也无法承担什么责任的孩童期的自我和即将拥有社会角色并承担更多责任的自我之间寻找联结点，并且把孩童期的种种幻想和现在的各种现实结合到统一的自我概念中去。这个自我概念并不那么容易找到，它更多地体现在职业（社会自我）、意识形态或价值观（精神自我）等方面，埃里

克森称之为"灵魂的搜寻"。上文所摘选的"眼睛"的寻找，不正是"灵魂的搜寻"么？

　　以往的心理学研究早就发现，大多数人倾向于用非常有利的词汇来评价他们自己，心理学家将其称为 "积极性偏见"（因为它对人们的心理健康有积极意义）。后来，鲁布尔等人发现，这种"积极性偏见"的程度在人生的不同阶段中是有明显差异的。以下是综合了鲁布尔等许多心理学家的研究而得到的一个曲线图：

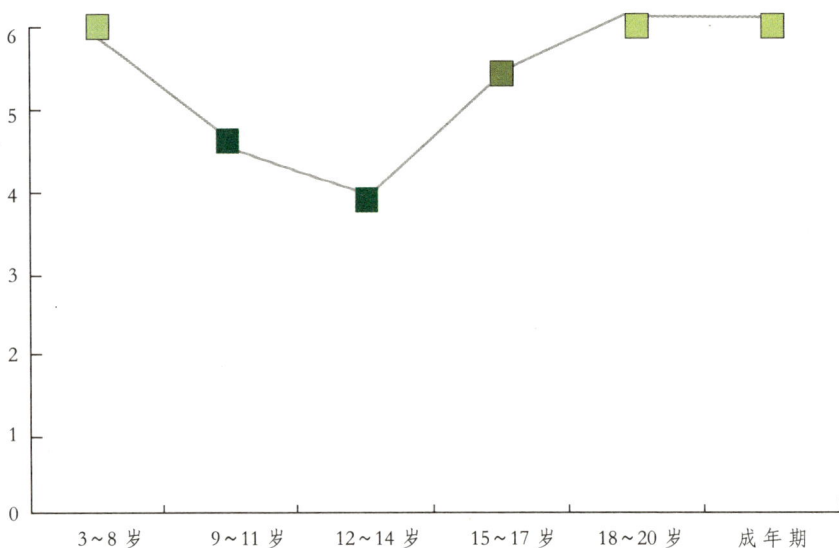

积极性偏见曲线

　　看了这个曲线，我们就不会奇怪为什么有 "青春期危机"这个提法了。从 9 ~ 11 岁开始，青少年对自己的评价突然开始下降，14 岁左右到达最低点，然后开始逆转，直到 18 ~ 20 岁时再度恢复稳定。

　　处于青春期的孩子，正在经历"同一性危机"的困扰，他们正在试图回答"我是谁？"，试图用各种方式——哪怕是叛逆的方式——来重新找到那个稳定的、和谐的、统一的自我。

　　在这里，我们引用一个有趣的案例作为这一部分的结尾：

一位处于青春期的小队员和父亲一起来戈壁徒步，其颇具个性的长发和永不离身的耳机让领队们印象深刻。他的徒步速度不慢，在终点旗门处敲起鼓来神采飞扬。但最值得关注的是，他从不跟父亲交流。但是，在完成徒步之后的庆功宴上，所有人——包括他的父亲——惊讶地发现，他的长发不见了，新换了一个干净利落的发型。

"怎么，不玩个性了？"领队们纷纷打趣他。"这才是真正的我。"他笑答。

何以成人？——关于戈壁成人礼作用的思考

孩子们对于戈壁成人礼的印象变化，集中于"挑战"和"成熟"。

我们则尝试将戈壁成人礼的作用总结为以下四个维度：

戈壁成人礼作用的四个维度

过程实践	成功达成目标	自我评估调节	专注思考自身	成人仪式
关键词	挑战	练习／体验	深潜	同一
心理过程	通用自我效能感加强	提升心理韧性	探索内在"冰山"	应对青春同一性危机
作用	迎接更多挑战	增强自我管理能力	更好地了解自身与世界	达到和谐统一

首先，戈壁成人礼通过清晰的目标安排、合理的任务难度、完善的安全保障，打造了一次高成功率的"英雄之旅"。通过自我激励的"正反馈"，强化了孩子们心中渴望成就感的"动机"，也增强了他们的通用自我效能感。

在徒步结束后的成人礼仪式上，一位第二次来参加戈壁成人礼的孩子说，正是因为想再度享受到达终点的喜悦，她才选择了第二次来到戈壁。用一位家长的话说，四天的徒步，在孩子们的心中"种下了一个成功的心锚"。

其次，戈壁成人礼通过独特的路线和角色设置，为不同能力、不同意愿的孩子提供了多样化的选择，使他们得以感受团队、领导力，得以体验和父母相处的另一种模式，并对预测、反馈、调整、总结做出尝试。

北京大学光华管理学院行为科学实验室的张志学教授，在和孩子一起参加戈壁成人礼时，曾将人生的路与戈壁徒步做了这样的对比——人生的路，要自己确定目标，要自己进行资源配置，"生命是一场独自远行"，或许没有人会等待你或鼓舞你。对孩子们来说，这样的说法听上去可能有点残酷，但却又是真实的。所幸，戈壁也是人生路的缩影，孩子们可以体验胜利的喜悦、选择的痛苦、未知的迷茫与惊喜，并在其中学会适应，不断练习对自我的评估和调节，增强自我管理能力。

再次，戈壁成人礼通过长距离的行走、孩子和家长的分离，以及戈壁独特的生态与能量场，让孩子们得以完成一次"心智模式"的深潜，在其中发现生命与自我的存在。

最后的"成人仪式"，则是在前三个维度基础之上通过仪式性的活动——包括正式的着装、证书、家长的祝福、孩子的感悟等——来促进"同一性"的获得，帮助孩子们更好地应对青春期的"同一性危机"。

正如"眼睛"所说，我们也是在用一种与普通生活完全不同的方式去试图寻找生命的意义，这是一种对于现实生活的青少年式抗拒，也是人类对于生命这个深奥命题的永恒追寻。

我们一起在路上。

图书在版编目（CIP）数据

戈壁生长：玄奘之路戈壁成人礼成长报告 / 刀锋领导力实践中心编著 .—
北京：中国人民大学出版社，2014.5
　　ISBN 978-7-300-19282-6

Ⅰ . ①戈… Ⅱ . ①刀… Ⅲ . ①家庭教育 Ⅳ . ① G78

中国版本图书馆 CIP 数据核字 (2014) 第 091677 号

玄奘之路组委会　组织编写

戈壁生长——玄奘之路戈壁成人礼成长报告
刀锋领导力实践中心　编著
Gebi Shengzhang

出版发行	中国人民大学出版社			
社　　址	北京中关村大街31号		**邮政编码**	100080
电　　话	010-62511242（总编室）		010-62511770（质管部）	
	010-82501766（邮购部）		010-62514148（门市部）	
	010-62515195（发行公司）		010-62515275（盗版举报）	
网　　址	http://www.crup.com.cn			
	http://www.ttrnet.com（人大教研网）			
经　　销	新华书店			
印　　刷	北京易丰印捷科技股份有限公司			
规　　格	170mm×235mm　16开本	**版　　次**	2014年6月第1版	
印　　张	14	**印　　次**	2014年6月第1次印刷	
字　　数	180 000	**定　　价**	56.00元	